SHODENSHA
SHINSHO

模倣される日本

——映画、アニメから料理、ファッションまで

浜野保樹

祥伝社

模倣される日本——目次

編集協力：INTERNAUTS Inc. COMMON STOCK Inc.

第一章　模倣される映像

「経済の日本」から「文化の日本」へ

フランスは、国連の文化機関であるユネスコの本部をパリに誘致したり、「芸術の都」といえば、日本人の多くが「パリ」と答えてしまうほど、自他ともに認める「文化」国家だ。そのため、フランスでは、単なる金持ちを成金として蔑《さげす》み、国に対しても、同様な見方をしていた。そのため、「文化のフランス、経済の日本」というのが彼らのプライドだった。

だがいまや逆転してフランスでは、「文化の日本、経済のフランス」という論調で語られるようになっている。

かつては「ジャパン・アズ・ナンバーワン」と日本型経営がもてはやされたが、経営不振に陥《おちい》った日産はフランスのルノー傘下になることで、フランスの経営マネージメントにより再生を目指している。日本の知られた目抜き通りは、フランスのファッション・ブランドで占領されてしまった観があり、街行く女性の多くが、フランスの商品を身につけている。

一方、日本のアニメーションは、フランスでの視聴率の高さ故《ゆえ》に規制のやり玉に挙がったり、日本の漫画を中心として日本のポップカルチャーの商品を扱った店が、バスチーユ地区に数多く集まり、アニメーションや漫画のイベントが、頻繁《ひんぱん》に開かれている。また、日本の若者のストリート・ファッションの写真集が、フランスで出版されている。

パリのアニメ専門店（上）と漫画専門店（下）（撮影：筆者）

かつてフランス映画はハリウッド映画とならび世界に確固たる地位を占めていたが、現在も秀作を生み出しつつあるとはいえ、昔日《せきじつ》の勢いはない。代わって日本のアニメーション映画が世界中で受け入れられている。日本で使われていたアニメーションの省略形「アニメ」は、世界中で日本製アニメーションを指す言葉となり、「マンガ」も世界中で通用するようになった。

そういう中で外国から「文化の日本」を位置づけた記事が発表され話題になった。米国のダグラス・マグレイという二十代のジャーナリストが書いた『ジャパンズ・グロス・ナショ

ダグラス・マグレイ（撮影：筆者）

ナル・クール（"Japan's Gross National Cool"）』という論文だ。ジャパン・ソサエティという民間団体がジャーナリストを日本に招聘《しょうへい》するプログラムで、二カ月間日本に滞在したときの経験と印象をもとに書いたもので、米国の外交専門誌『フォーリン・ポリシー』（二〇〇二年六月号）に掲載され、後に「世界を闊歩《かっぽ》する日本のカッ

コよさ」という題名となって雑誌『中央公論』二〇〇三年五月号に翻訳掲載された。

マグレイは、国力を、GNP（国民総生産）やGDP（国内総生産）の経済力の指標だけでなく、国の「クール（かっこよさ）」で示す必要性を説き、GNC（Gross National Cool）という概念を提案した。そして、日本はGNCが極《きわ》めて高い国であると賞賛した。

海外から批判ばかりを投げつけられていた日本人は、日本経済を褒めちぎったエズラ・F・ヴォーゲルの『ジャパン・アズ・ナンバーワン』（広中和歌子・木本彰子訳　阪急コミュニケーションズ）のときのように、マグレイのこの論文に飛びついた。

日本を評価する軸が突如として経済から文化、とくにポップカルチャーにすり替わった。

引用を明かした『キル・ビル』

マグレイの記事を実証するようなアメリカ映画が世界中で封切られた。『キル・ビル』（監督：クエンティン・タランティーノ　二〇〇三）である。

それまで外国映画に現れる日本といえば、観光地の絵はがきのようなエキゾチックな日本であり、異国であることさえ示されればいいため、中国と混在していることがよくあった。日本である必然性も少なかった。必然性がある場合にも日本の習慣を奇習として描き、それを笑いものにするのがおちで、登場する日本人も単なる背景か道化であった。

『キル・ビル』は、それまでに日本をモチーフにした外国映画とまったく違っていた。舞台が日本で、多くの日本人が登場するだけではない。重要な登場人物はアメリカ人であっても、日本刀を使い、日本語を話す。時としてきものさえ着る。そして、なぜ日本刀を使え、日本語を喋《しゃべ》るのかについては、まったく説明がない。流暢《りゅうちょう》でないにしても、日本人でない俳優同士が、「やっちまいな」「行くよ」「おいで」と日本語で会話し、日本刀でやり合う。アジア系のルーシー・リューならともかく、主役のユマ・サーマンにまで日本語を喋らせ、日本刀で闘う達人になっている。まるで日本映画のように、日本語、日本の衣装、そして日本の武器が当然のようにしつらえられている。

そして『キル・ビル』では、最初に「深作欣二《ふかさくきんじ》にささげる」というタイトルロールが出て、何を引用したかを明かしてしまう。『キル・ビル』のクエンティン・タランティーノ監督は、何を引用し、模倣したかを公言しているのだ。

これまでも、日本の作品は、外国のクリエーターに多大な影響を与え、参考にされ、引用され、模倣されてきた。海外でのリメークが多い黒澤《くろさわ》作品がその代表だろうし、手塚治虫《てづかおさむ》の

『ジャングル大帝』との類似点が多い『ライオンキング』（監督：ロジャー・アラーズ、ロブ・ミンコフ　一九九四）などは社会問題化し、日本のマンガ家が抗議の記事を新聞に発表したこともあった。

正式にリメーク権を得るということは最近では多くなったが、日本の表現や文化の影響を、これまでは海外の作者たちが表だって認めることはほとんどなかった。映画『ボディガード』（監督：ミック・ジャクソン　一九九二）で黒澤明監督の『用心棒』（一九六一）の一場面を見せて、影響を受けたことを示すくらいが最大限の敬意の表し方だった。

『キル・ビル　Vol.1』（ユニバーサル・ピクチャーズ・ジャパン）

しかしタランティーノは、影響だけに収まりえないことを映画そのもので示してみせた。彼が敬愛する深作欣二監督の作品にたびたび登場する千葉《ちば》真一《しんいち》を、役名もそのままで出演させ、『バトル・ロワイアル』から栗山《くりやま》千明《ちあき》が抜擢されている。ルーシー・リューの役名オーレンも『影の軍団Ⅳ』の志穂美悦子《しほみえつこ》の役名「お蓮《れん》」から取られている。布袋寅泰《ほていともやす》作曲の『新・仁義なき戦い』のテーマ曲が、まるで『キル・ビル』のテーマ曲でもあるかのように印象的に使われ、梶芽衣子《かじめいこ》が歌う映画『女囚さそり』シリーズのテーマ曲「怨み節」や、『修羅雪姫』シリーズのテーマ曲「修羅の花」がそのまま使われている。ユマ・サーマンが敵の女を拷問する場面に流れるのも深作欣二監督の『柳生一族の陰謀』(一九七八)のテーマ曲である。衣装や殺陣も『修羅雪姫』そのままで、足首を切りまくるシーンは三隅研次《みすみけんじ》監督『子連れ狼／三途の川の乳母車』(一九七二)からのものだ。そして『GHOST IN THE SHELL 攻殻機動隊』(一九九五)などの作品で世界的に知られる日本のアニメーション制作会社、プロダクションI・Gが制作したアニメーションが挿入される。

これまでの映画なら換骨奪胎《かんこつだつたい》するところだが、タランティーノはそれをしなかった。『広辞苑　第五版』には、「換骨奪胎」とは、「詩文を作る際に、古人の作品の趣意は変えず語句だけを換え、または古人の作品の趣意に沿いながら新しいものを加えて表現すること」とある。つまりこれまでなら、タランティーノが影響を受けた作品を参考にしながらも、出典をできるだけわからないように変えてしまうところを、『キル・ビル』ではそうしなかった。舞台を日本以外に変更し、俳優をアメリカ人にするだけでもよかったのに、できるだけ出典がわかるようにして、表現様式や引用のごった煮とした。
登場する日本人俳優の中でもハリウッドに仕事の場を移しているのは、千葉真一だけで、俳優さえも、タランティーノが魅了された作品からの引用である。千葉は、彼のテレビシリーズの代表作『影の軍団　服部半蔵《はっとりはんぞう》』の役名で出てくる。
ハリウッド進出にあたって千葉真一は、日本の玄関口・成田《なりた》空港がある千葉が偶然自分の苗字であり、ある程度の知名度があるためか、名前はアメリカで有名な日本製品から取り「ソニー」とし、海外向けの芸名を「ソニー千葉」とした。しかしタランティーノが魅了されたのは海外向けにアレンジされた「ソニー千葉」ではなく、東映でB級作品に数多く出演していたオリジナル・ヴァージョンの千葉真一であった。

タランティーノ監督は「映画のスポンジ」

タランティーノ監督は、高校中退後に俳優を目指して、ビデオショップの店員として働いていた。いまでは伝説ともなっているその「ビデオ・アーカイヴス」というレンタルビデオショップは、「ロサンゼルスで一番クールで一番ヒップなビデオ・レンタル店」（ジェイミー・バーナード『タランティーノ・バイ・タランティーノ』島田陽子訳　ロッキング・オン一九九五）で、「店員はほとんどひとり残らずフィルムメーカーか芸術家志望だった」（前掲書）。人気作品の品揃えより「無名のものほど価値がある」（前掲書）とするようなその店で、五年間も店番をしていたタランティーノは、そのアーカイヴスに含まれる日本映画や香港映画を見て過ごした。「日本映画の父」牧野省三《まきのしょうぞう》を父にもつマキノ雅弘《まさひろ》は撮影所で育ち、現場で映画制作を学び、「フィルムをおむつ」にして育ったと言われたが、子どもの頃から映像漬《づ》けになり、ビデオショップで、あらゆる映画を見まくったタランティーノは、さしずめ「ビデオテープをおむつ」にして育ったといってもいいだろう。

連日ビデオを見ている内に、俳優ではなく、自分で映画を制作したくなり、最初に撮ったのが『レザボア・ドッグス』（一九九二）だ。この作品は、マイナーに撮ろうと思っていたにもかかわらず、シナリオを気に入ったティム・ロス、ハーヴェイ・カイテルなどの有名な俳優が出演したため、製作資金も増え、二八歳でデビューを飾ることになる。俳優の夢も捨てがたかったのか、自身でも出演している。

『レザボア・ドッグス』には、『仁義なき戦い』（監督：深作欣二　一九七三）のカメラワーク、リアルで激しいアクション、そして香港映画『狼たちの挽歌』シリーズのジョン・ウー監督が多用して、彼のおはことなった三すくみのピストルでの銃撃シーンが散りばめられているが、引用の元は明らかにされなかった。『レザボア・ドッグス』は、彼が「ビデオ・アーカイヴス」で学んだことの応用編であったわけだが、カンヌ映画祭の公式招待作品となり、続く『パルプ・フィクション』は一九九四年のカンヌ国際映画祭でパルム・ドール（最高賞）を受賞する。『レザボア・ドッグス』が公開された当時は、深作欣二やジョン・ウーはハリウッドでは認知度が低かったため、引用は明らかにされることがなかった。しかし日本の映画ファンは『仁義なき戦い』との類似点や、元ネタである『友は風の彼方に』（監督：リンゴ・ラム　一九八六）にすぐに気づき、マスコミも騒いだこともあったが、仕返しとばかり、日本の室賀厚《むろがあつし》監督が『レザボア・ドッグス』を意識した『ＳＣＯＲＥ（スコア）』（一九九五）という映画を作っている。

『レザボア・ドッグス』の成功で国際的に認知されてしまったタランティーノは、『パルプ・フィクション』では、ブルース・ウィリスに日本刀を持たせたり、徐々に引用の元を明かす気配は見せたものの、あくまでもアメリカと日本刀との結びつきが不自然でないような説明がほどこされ、映画の中では引用の出所は明確にされることはなかった。この映画に出演したサミュエル・Ｌ・ジャクソンは、「以前に見たシーンを記憶の中から調べ出し、自分がどのショットを求めているかが確かめられる」タランティーノを、「映画のスポンジ」（前掲書）だと思った。『キル・ビル』に至り、「深作欣二にささげる」という献辞に始まり、引用元を明かした映画となる。

それは、ＤＶＤによって多様な映画が国際的に流通し、映像を再確認しやすくなったことや、著作権の権利意識の国際的な向上とも関係しているが、一番の理由は、やはりそうしたほうがクールだからだ。ストーリーや設定だけを借りて、日本をアメリカ化したりヨーロッパ化して、引用の原典を不明確にするよりも、日本をそのまま見せるほうがクールなのだ。『ラスト　サムライ』（監督：エドワード・ズウィック　二〇〇三）についても同じことが言えるだろう。

『キル・ビル』は、日本映画やカンフー映画をもとにして、引用による映画という一つのジャンルを確立してしまったのかもしれない。しかし、その助走の過程で、もっと大きなジャンルを確立し、ハリウッドのビジネスのあり方まで変えてしまった映画がある。

黒澤映画のリメーク

『スター・ウォーズ』（監督：ジョージ・ルーカス　一九七七）の成功は、ハリウッドのメジャーと言われる大手映画会社の衰退を加速させるくらい、大きなものだった。独立系の映画製作者はハリウッドの大手映画会社と組むと、どんなに映画が成功しても、ごまかされて利益にありつけないと言われていたが、興行収入があまりにも大きかったため、ごまかしきれないほど、その成功は大きかった。VFX映画（CGと実写の合成など特殊な視覚効果を活用した映画）のジャンルを打ち立てただけでなく、映画から派生して関連商品が無数に生まれ、映画のマーチャンダイジング商品（関連商品）の売り上げが、映画の興行収入を上回ったハリウッドの最初の作品であった。監督のジョージ・ルーカスは、その成功をもとにハリウッドから距離を置きつつ主導権を確保することに成功した。

この時代を画《かく》した映画が、黒澤明監督作品をルーツにしたものであることは、いまではよく知られている。黒澤作品は、先に紹介した『ボディガード』を挙げるまでもなく、海外の多くの作品に影響を与え、黒澤時代劇の日本刀は、拳銃に置き換えられてきた。

『荒野の七人』（監督：ジョン・スタージェス　一九六〇）　ユル・ブリンナーが『七人の侍』にほれこみ、リメーク権を獲得して製作した。

『荒野の用心棒』（監督：セルジオ・レオーネ　一九六四）　無断で翻案した『荒野の用心棒』は、マカロニ・ウエスタン（アメリカではスパゲティ・ウエスタン）というジャンルを作り出した。

『暴行』（監督：マーチン・リット　一九六四）『羅生門』を西部劇におきかえたもの。

『宇宙の七人』（監督：ジミー・T・ムラカミ　一九八〇）『七人の侍』のSF版。ロジャー・コーマン製作なので無断借用は間違いないだろう。

『アイアン・メイズ／ピッツバーグの幻想』（監督：吉田博昭　一九九一）『羅生門』の原作小説をもとにしたオリバー・ストーン製作総指揮の日米合作映画。

『ラストマン・スタンディング』（監督：ウォルター・ヒル　一九九六）『用心棒』のリメーク。


マーティン・スコセッシ監督が『天国と地獄』のリメークを決定していたが、よく似た『身代金』（監督：ロン・ハワード　一九九六）が先に公開されてしまい、製作を諦めるということもあった。二〇〇一年にはドリームワークスが『生きる』（一九五二）のリメーク権を獲得している。

この他にも黒澤映画の影響を受けて作られた映画は数知れず、フィリピンでも『七人の侍』の盗賊を残留日本兵に置き換えた映画が作られたと聞いたことがある。『機動戦士ガンダム』

に影響を与え、映画『スターシップ・トゥルーパーズ』（監督：ポール・ヴァーホーヴェン　一九九七）として映画化されるロバート・A・ハイラインのSF小説『宇宙の戦士』（一九五九）は、『七人の侍』に感動して書かれたものだと言われている。

『荒野の用心棒』と『スター・ウォーズ』のケースといい、黒澤作品を元にした映画が海外で新たなジャンルを作り出してしまうほど、黒澤作品の物語や設定、登場人物が普遍的な魅力を持っていたのだろう。

後日談もある。『用心棒』を盗用した『荒野の用心棒』は大ヒットした。主演したクリント・イーストウッドは、テレビシリーズ『ローハイド』で人気を得たものの、ハリウッドでは仕事に恵まれなかったが、この作品から始まるマカロニ・ウエスタンで世界的な人気を獲得した後に、ハリウッドに凱旋《がいせん》する。マカロニ・ウエスタンで作られた冷酷でタフなキャラクターそのままに、暴力が横溢《おういつ》し、治安が悪化していた当時のアメリカを背景に、『ダーティー・ハリー』（監督：ドン・シーゲル　一九七一）を作り、ハードアクションもののジャンルを作った。これも辿《たど》っていけば『用心棒』に帰着する。ただ、『荒野の用心棒』の盗用が問題になったとき、監督のセルジオ・レオーネが『用心棒』もダシル・ハメットの『血の収穫』から想を得ているではないかと反論したように、黒澤作品だけが完全なオリジナルであるというわけではない。『ダーティー・ハリー』が切り開いたジャンルは、もともとのアメリカのハードボイルドが、黒澤明という才能を媒介し、セルジオ・レオーネを触発し、日本、イタリアを経てアメリカに戻りつき、環を閉じたとも考えられる。

殺しのライセンス

『スター・ウォーズ』は、黒澤明監督の『隠し砦の三悪人』(一九五八)からヒントを得て作られた。黒澤が敬愛するジョン・フォードが『捜索者』(一九五六)で、インディアン(いまではアメリカ先住民という言い方が正しい)を悪者と設定して、映画の中で正義の名の下に虐殺し、無自覚に差別を助長してきたことを自己批判して以来、ハリウッド映画は特定の人種や集団を悪者と設定することはできなくなってしまった。悪人を出すにはそれなりの説明が必要となり、ハリウッドが得意としてきた単純明快な勧善懲悪《かんぜんちょうあく》の映画を作りにくくなり、ハリウッド映画は人気をなくしていった。最近でも、ジェームズ・キャメロン監督の『トゥルー・ライズ』(一九九四)で、ハリウッドの定型通りテロリストをアラブ系にし、さらには間抜けに描き、アラブ系アメリカ人の反発を買うということがあった。ハリウッドは悪役を求め続けている。

『スター・ウォーズ』は、もう一度単純明快な勧善懲悪映画を作る解法を与えた映画でもあった。SFであるために荒唐無稽《こうとうむけい》な状況設定が可能となり、従来とまったく違う引用ができる。正義と悪の二項対立に引き戻し、映画の人気を脅《おびや》かしていた新たな敵であるビデオゲームの魅力を取り入れ、単純なハリウッド映画の魅力を復活させた。

そして『スター・ウォーズ』が手始めに引用してみせたのは、日本の黒澤映画だった。日本風の衣装、日本的な武闘方法、日本的な精神性を抽出し、再利用した。

ルーカスは実に巧妙だった。登場人物にかつての「悪の枢軸国」の一つであるナチスドイツを連想させる軍服を着せ、ナチスドイツのヘルメットに似たものをかぶせた。悪者の多くはマスクを被《かぶ》っているため、なんのためらいもなくヒーローたちは、悪人たちを皆殺しにすることができた。ルーカスはハリウッドに、殺しのライセンスを与えたのだった。

ちなみに、悪のシンボルであるダース・ベイダーには、古代ローマの司令官のようなマントを着せている。私の友人である『スポーン』（一九九七）の監督、マーク・デュペ（パンフレットなどにはデッペで記されているが、本人はデュペだと言っている）は、ルーカス・フィルムで働いているときに、「ダース・ベイダーがマントをはおっているということは宇宙は寒いんだ」とからかってしまい、ルーカスの逆鱗に触れてしまったと語ってくれたことがある。悪人に見えることのほうが、合理性よりも優先されるのだ。

『オビ＝ワン・ケノービ』＝「帯の一番は黒帯」

『隠し砦の三悪人』の狂言回し、太平（千秋《ちあき》実《みのる》）と又七（藤原鎌足《ふじわらかまたり》）は、『スター・ウォーズ』ではC—3POとR2—D2のロボットになり、雪姫（上原美佐《うえはらみさ》）はレイア姫となり、姫を助けながら進むというストーリーラインそのものも、『隠し砦の三悪人』からの借用だった。

当初、『七人の侍』での志村喬《しむらたかし》を連想させるオビ＝ワン・ケノービ役に、数々の黒澤作品で主役を務めた三船敏郎《みふねとしろう》に打診したが、監督のジョージ・ルーカスのことを知らなかったために断わられてしまい、代わりにアレック・ギネスに決まった。黒澤映画での三船の役柄は、むしろハリソン・フォード演じるハン・ソロに生かされていた。

ジョージ・ルーカスもタランティーノ同様、徹底していた。映画に登場する「ジェダイ」という言葉は、「時代劇」という言葉の響きからとったものであり、「オビ＝ワン・ケノービ」も、「一番の帯」という意味で「オビ＝ワン」となり、「黒帯」が訛《なま》って「ケノービ」となった。「オビ＝ワン・ケノービ」は「一番の帯は黒帯」という意味なのである。レイア姫は卑弥呼のような髪型と衣装をして、ダース・ベイダーは甲冑《かっちゅう》のようなヘルメットをかぶり、正義の味方たちは柔道着のようなものを着ている。このように『スター・ウォーズ』は『キル・ビル』に連なる道を付けたのであった。

『スター・ウォーズ』には、ハリウッドで流布《るふ》している有名な逸話がある。ヨーロッパのある映画祭に出席していたジョージ・ルーカスは、黒澤明が会場にいることに気づいた。まだ二人は面識がなかった。名誉賞受賞のために黒澤は招待されていたが、そうと知らないルーカスは「なぜ、ここに黒澤がいるのだ」と驚いた。一緒に来ていた友人が「お前に著作権料をもらいに来たんだ」と冗談を言ったところ、ルーカスは慌てて逃げてしまった。あくまでも噂話だが、よくできた話だ。

トーホー・シアター

タランティーノにとってビデオショップが日本映画の学校であったように、ルーカスには文字通り大学が日本映画の学校だった。ジョン・バクスターの『ジョージ・ルーカス』（奥田祐士訳　ソニー・マガジンズ　一九九九）によると、学友こそがルーカスを日本映画に引き入れたと言ったほうが正確かもしれない。ルーカスが南カリフォルニア大学（ＵＳＣ）の映画テレビ学部の大学院に進学したとき、USCで親しくしていたジョン・ミリアスに勧《すす》められて、一九六〇年代にロサンゼルス市、南ラブレア・アヴェニュー八五七にあった「トーホー・シアター」で日本映画を見始めた。

「トーホー・シアター」とは、いうまでもなく東宝シアターであり、東宝が海外で初めて直営で運営した映画館であった、東宝がアメリカで映画館を持つに至った経緯は、東宝の重役であった森岩雄《もりいわお》の著書『私の藝界遍歴《げいかいへんれき》』（青蛙房　一九七五）に詳しい。黒澤明監督の『羅生門』が、ヴェネチア国際映画祭でアジア映画として初めて国際的な賞を受賞してから、日本映画の海外輸出が行なわれるようになった。アメリカでは日本映画は席数の少ない「アート・シアター」にかけられることがほとんどで、またヒットしても、不明朗な経費を天引きされ、日本の映画会社に支払われる金額はわずかなものであった。

そこで、直接アメリカでの映画館経営に乗り出すことになった。日系人の多い「羅府《ロサンゼルス》でラブレア・シアターを買い受けて、東宝映画の専門封切館にしたところ、白人の客も日増しに増加してくる傾向があり」、その経験をもとに「世界の映画市場の中心である紐育《ニューヨーク》」にも直営映画館「トーホー・シネマ」を一九六三年に開館させた。森岩雄は東宝作品だけでなく他社の日本映画も上映するつもりでいたが、他社の協力が得られなかった。東宝作品だけではアメリカ人の観客を集めることが困難だったようで、ニューヨークの映画館は三年後には閉館してしまった。

一九七五年に出版された『私の藝界遍歴』の中で森は、ニューヨークで「もう一度日本物専門の映画館を開く考えは毛頭ない」と断言し、海外で日本映画の映画館を持つことは、「まず日本の場合に限り成功するというあてはないと言った方が正しいであろう」と述べている。森にとって、アメリカでの映画館経営の失敗は、よほどの痛手であったのだろう。『私の藝界遍歴』には、ロサンゼルスのトーホー・シアターの閉鎖時期については何も書かれてはいないが、トーホー・シアターは、後にフォックス・ラブレア・シアターになり、現在は韓国系の教会になっている。

しかし、トーホー・シアターは日本映画のショーウインドーとしての役割は十分すぎるほど果たした。USCからほど遠くないトーホー・シアターで黒澤作品を見てしまったジョン・ミリアスは、黒澤明の熱烈な信奉者となり、USCの友人たちに見ることを強く勧め、当時アメリカではほとんど無名だった黒澤作品の紹介者となった。ミリアスの勧めで黒澤作品に遭遇することになるのが、ルーカスであり、USCの学生ではないが、ミリアスのグループと付き合っていたカリフォルニア州立大学ロングビーチ校のスティーブン・スピルバーグという学生だった。

ジョン・ミリアスは、後日、『七人の侍』に大きな影響を受けた『風とライオン』（一九七五）や、黒澤時代劇の殺陣《たて》を取り入れた『コナン・ザ・グレート』（一九八二）などを監督する。

『プライベート・ライアン』は『八人の侍』

スティーブン・スピルバーグも、いまではルーカスとともにハリウッドで最も大きな力を持つフィルムメーカー（映画人）となり、ドリームワークスを経営するに至っている。ルーカスとスピルバーグが関係する映画だけで、アメリカ映画史上の興行成績上位二〇本の内に六本も入っているほどだ。ルーカスだけではなく、スピルバーグも黒澤作品から想を得た作品を作っている。スピルバーグがアカデミー監督賞を受賞した『プライベート・ライアン』（一九九八）がそうだ。この作品は監督賞だけでなく、撮影賞、編集賞、音響賞、音響効果編集賞など五部門でオスカーを獲得している。

第二次大戦末期、四人兄弟の内の三人の戦死を知った軍首脳が、残されたライアン二等兵を捜し出して、母のもとに連れ帰ることを命ずる。八人の屈強な兵士が選ばれ、最前線にいるはずのたった一人の兵士を救うために、次から次に命を落としていく。

歴史に残らないような戦いのために、精鋭の戦士が少数集められることや、大勢の敵と戦うために、最後は村に敵を引き込むことなど、『七人の侍』と『プライベート・ライアン』との類似点にすぐに気づく。しかし創作活動で完全なオリジナルというのは存在しない。何らかの影響を受けて新たなものが生み出されることは黒澤明監督の作品でも同じことだ。『七人の侍』の中の、志村喬扮する勘兵衛が、子どもを人質にした盗人を殺すシーンは、黒澤監督が敬愛するジョン・フォード監督の『荒野の決闘』（一九四六）に似たシーンが認められる。ヘンリー・フォンダ扮するワイアット・アープが酔って暴れているインディアンをやっつけてしまう。主人公の強さ、またその強さを鼻にかけないこと、簡潔に主人公を紹介する点や、相手をやっつけるシーンを描かず、その強さを見ている者に想像させるやり方まで同じだ。

こういったことは、どのような作品にも少なからずあることだが、『プライベート・ライアン』はもっと根本的なところであるストーリーラインで類似が認められる。『七人の侍』が、これまでの戦闘映画と一線を画したのは、助けても何の功労にもならない百姓を助けるために、七人の侍が雇われて、野武士と戦い、死んでいくという設定だった。『プライベート・ライアン』は、大勢の百姓を一人の二等兵に置き換え、「助けても何の功労にもならない一人の二等兵を救出するために、八人の精鋭兵士が選出され、ドイツ軍と戦い、死んでいく」としたのである。『プライベート・ライアン』を見終わった時に、中学生だった私の娘が言った言葉を、いまでも忘れない。「これは『八人の侍』だね」。

『七人の侍』のストーリーラインは、『荒野の七人』『宇宙の七人』などのリメークや、日本国内でもSFアニメーションとして作り直されたりして、再生産され続けている。最近では『プライベート・ライアン』だけでなく、『バグズ・ライフ』（監督：ジョン・ラセッター、アンドリュー・スタントン　一九九八）もそうだ。何の関係もない蟻《あり》たちに雇われてしまったサーカス団の八匹の昆虫が、ならず者のバッタたちと戦うはめになる。

黒澤への恩義

これまでハリウッドからはジョークのネタにされても、本当にプロの人材養成機関と思われていなかった、フィルム・スクールと呼ばれる大学の映画学部や学科は、卒業生が『ゴッド・ファーザー』、『スター・ウォーズ』、『ジョーズ』などのメガヒットを出すに至って形勢が変化してくる。カルフォルニア大学ロサンゼルス校大学院のフランシス・フォード・コッポラ、USCのジョージ・ルーカス、UCロングビーチ校のスピルバーグ、ニューヨーク大学（NYU）のマーティン・スコセッシの4人の成功者は、連帯感を持ち、お互い結びつきを深めていた。彼らに共通するのは、ハリウッド生え抜きの映画人とは異なり、海外の映画をよく見ており、ともすればハリウッド映画よりも海外の映画を高く評価していたことだ。そして彼らが共通して敬愛していたのが、黒澤明だった。

　コッポラとルーカスは『影武者』（一九八〇）を、スピルバーグは『夢』（一九九〇）をプロデュースし、スコセッシは『夢』の「第五話　鴉《からす》」のエピソードに、黒澤に請《こ》われてゴッホ役で出演をしている。ルーカスはさらに、母校のUSCの映画テレビ学部に「ロバート・ゼメキス・デジタル芸術センター」ができたとき、施設内にスタジオを作る資金を寄付し、そのスタジオ名を「アキラ・クロサワ・スタジオ」と命名したいと望んだ。USC側から私に黒澤家との仲介の依頼があり、黒澤家は命名を快《こころよ》く許可された。

　『ラスト　サムライ』のエドワード・ズウィックはフィルム・スクールに進学してはいないが、進学以前の一七歳のハイスクール時代に『七人の侍』を見て、日本でサムライの映画を作りたいと思ったという。日本文化に興味を持った彼は、ハーバードでE・O・ライシャワー元駐日大使から日本史を学ぶ。

　『ラスト　サムライ』は、『荒野の七人』や『プライベート・ライアン』などの、黒澤作品を翻案したこれまでのハリウッド映画とはまったく異なるものであった。霧が立ちこめる森の中から、武将たちが現われる『蜘蛛巣城《くものすじょう》』のようなシーン、『七人の侍』のような隠れ里、『影武者』や『乱』のようなクライマックスの合戦。黒澤映画を再現した、いわば黒澤映画そのものだった。

ズウィックは、『ラスト　サムライ』の前に撮った『戦火の勇気』(一九九六)でも、『羅生門』から複数の登場人物の視点から描くラショーモン・メソッドあるいはマルチ・ヴォイスド・ストラクチャー(多義的構造)を援用していた。殉職した女性パイロットに名誉勲章を授与するかどうかを、生き残り兵士の証言に合わせて物語は展開する。『羅生門』のマルチ・ヴォイスド・ストラクチャーは、数々の物語に繰り返し使われ、最近では『閉ざされた森』(監督:ジョン・マクティアナン　二〇〇三)や『HERO』(監督:チャン・イーモウ　二〇〇二)でも使われた。『羅生門』は、リアリティーが認識者によって異なるということを説得力をもって提示したため、海外の学会でも「Rashomon《ラショウモン》 effect《エフェクト》(羅生門効果)」とか「Rashomon《ラショウモン》 method《メソッド》(羅生門方式)」という言葉はよく使われている。

『ラスト　サムライ』は、製作費が高騰《こうとう》しているハリウッド映画の中でも、多額の製作費をかけた超大作である。撮影のために、大手映画会社ワーナーの駐車場を取り壊して、日本の明治初期の町を作り、草が生えるまでに要する時間を見越して、合戦場面のために何カ月も前に整地した。『ローレライ』（二〇〇五）の樋口真嗣《ひぐちしんじ》監督は『ラスト　サムライ』を見て、私にこう嘆いた。「本来なら日本人が作るべき映画を、アメリカ人に作られてしまった」。

フィルム・スクール出身の映画人は黒澤作品の製作を現実に支援することで、彼らは彼らなりの黒澤への恩義を果たしたが、ズウィックは『ラスト　サムライ』で、黒澤明亡き後、新たな恩義の果たし方があることを示したのである、それは、日本人が黒澤明の作ったような作品を作ることができないなら、自分のやり方で、黒澤明の功績を継承してあげるということであった。かつてゴッホが友人への手紙に浮世絵について、こう書いたように。「もし、日本人が彼等の国でまだ進歩していなければ、その美術は当然フランスで引き継がれるだろう」（『ゴッホの手紙　上』硲伊之助訳　岩波文庫　一九七八）。『ラスト　サムライ』と『キル・ビル』は、ゴッホと同じ出発点に立ったのである。

石原慎太郎作品から生まれたヌーヴェルバーグ

ハリウッド映画が、テレビや新たに登場したビデオゲームに客を奪われ、さらにはヴェトナム戦争で海外の市場まで急激に失っていたとき、フィルム・スクール出身の若きフィルムメーカーの血を入れて、復活の道筋をつけた。そして彼らが披露した新しい表現は、日本から学んだものが少なくなかった。同じことは、二十年も前にフランスで既に実証済みだった。大きな変化は中心からではなく、必ず周辺から起こる。

フランスではアンリ・ラングロワが中心となって、映画のアーカイヴ作りに一九三六年から着手し、現在の「シネマテーク・フランセーズ」に至る。ラングロワとシネマテークについてはリチャード・ラウド『映画愛　アンリ・ラングロワとシネマテーク・フランセーズ』(村田英訳、リブロポート　一九八五)に詳しい。ラングロワは映画をただ収集保存するだけではなく、国内外を問わず、また駄作として見向きもされない映画でも、分け隔《へだ》てなく上映したので、若いフランスの映画人は多くの新しい表現に接する機会を得た。ルーカスにとってでは民間のトーホー・シアターが日本映画を見る機会を提供し、フランスではシネマテークという公的機関がその場を提供していたのは、国情を反映していて興味深いが、同じ時期、日本では、あまり知られていないような海外作品を見るという機会は保証されていなかった。ラングロワが上映した中の一本に、『狂った果実』(監督：中平康《なかひらこう》　一九五六)があった。

一九五五年、石原慎太郎《いしはらしんたろう》が一橋大学在学中に書いた『太陽の季節』が、翌年、第三十四回芥川賞を受賞し、「太陽族」の流行語を生み出し、社会現象となった。『太陽の季節』の映画に端役で出演していた慎太郎の弟、石原裕次郎《ゆうじろう》は、圧倒的な存在感を示し、日活の水《みず》の江滝《えたき》子《こ》プロデューサーは次の『狂った果実』で彼を主役に抜擢した。

映画『太陽の季節』（一九五六）は、監督の古川卓巳《ふるかわたくみ》が脚本も執筆したが、『太陽の季節』の大ヒットにより、日活は石原慎太郎のまだ完成してもいない小説の権利を買い取り、脚本も石原慎太郎に依頼した。監督の中平康は、前作『狙われた男』が監督第一作となっているが、当初は助監督としてついたものが事情があって監督に昇進した作品で、最初から監督としての意識を持って取り組む作品は『狂った果実』が初めてだった。裕次郎の初主演、慎太郎の初映画脚本、中平康の正式には初監督作品であった。

これまでの映画の構造をたたき込まれていない慎太郎が書いた脚本、それも本人の弁では、「原作とシナリオを一晩で書いた」（http://www.cul-cha.com/intv/backnm/ishihara1.htm）ものので、演技のトレーニングなど受けたことのない裕次郎を、新人監督が撮ることになった。また、映画会社が嫌う、水上での撮影が多い作品だった。演技のできない裕次郎は思ったように動いてくれない上に、野外、特に水上での撮影は手持ちカメラを使って、なんとか撮影を行ない、カット割やイマジナリー・ラインなどの映像文法にこだわっている余裕などなかった。その結果、『狂った果実』は、裕次郎特有の動きを追い、彼の個性そのものを撮ったドキュメンタリーになっていた。

『狂った果実』は日本での公開の翌年の一九五七年には、もうパリのシネマテークで上映されていた。『狂った果実』を見たフランスの若き映画人は衝撃を受けた。映画には文法があり、「映画というのはこう撮るものだ」とすり込まれていたのに、『狂った果実』は、そういったことを無視しても作品として成り立っていた。役者の演技力などなくても、役者をドキュメントするだけでも映画として成立する。きちっとカット割りしなくても、手持ちカメラで被写体を追えばいい。ぶれていてもいい。既存の形式に囚《とら》われている必要がないことを自覚させたのである。こういった表現手法に影響を受けてジャン＝リュック・ゴダールは『勝手にしやがれ』（一九五九）を撮り、そこからフランスのヌーヴェルバーグの一端が始まったと言われている。

これまでの映画の概念から解放されたような『狂った果実』は、これまでの映画の作り方のルールを知らなかった若者故に生まれ出た奇跡の作品だった。後に香港に招かれた中平康監督は、名前を楊樹希《ヤンスーシー》と変えて、『狂った果実』を自らでリメークもしている。題名は『狂恋詩』（一九六八）である。さらにその後、またも香港にも呼ばれて、『狂った果実』を再びリメークするということもあったという。このことからも、この作品の魅力がいかに普遍的なものであるかがわかる。

ハリウッドの転換

日本映画は世界に少なからぬ影響を与えてきたが、黒澤明にしても石原裕次郎にしても、中平康にしても故人である。いままで述べたことだけではなく、日本人なら誰もがすぐに似ていると気づく作品も、外国には少なくない。『ブラインド・フューリー』（監督：フィリップ・ノイス　一九八九）は、『座頭市血煙り街道』（監督：三隅研次　一九六七）のリメークといっていい作品だし、『ロード・トゥ・パーディション』（監督：サム・メンデス　二〇〇二）は、どう見ても『子連れ狼』だ。日本にも誰でもが『カサブランカ』（監督：マイケル・カーティズ　一九四二）とわかる石原裕次郎主演『夜霧よ今夜も有難う』（監督：江崎実《えざきみ》生《お》　一九六七）や、『冒険者たち』（監督：ロベール・アンリコ　一九六七）に想を得た『宿無し』（監督：斎藤耕一《さいとうこういち》　一九七四）、『黄金のパートナー』（監督：西村潔《にしむらきよし》　一九七九）、『冒険者カミカゼ』（監督：鷹森立一《たかもりたついち》　一九八一）といった映画がないわけではないことは言っておかなければならない。

ヨーロッパの若い映画人に北野武が大きな影響を与えていることは、二〇〇二年のはじめ、スウェーデン映画協会（ＳＦＩ）で開催された会合に参加した際、フィンランドの映画関係者から、フィンランドの若い監督たちが北野武のまねばかりして困ると直接言われて知った。しかし低迷する度に日本映画を再生手段として使ってきたハリウッドでは最近、日本映画のリメーク権を正式に買って、リメークすることが多くなっている。さらにはオリジナル版の日本人監督をハリウッドに招き、リメーク版を作らせることも増えている。

　相変わらず複数の黒澤作品のリメークが予定に挙がっており、『Ｓｈａｌｌ　ｗｅ　ダンス？』（監督：周防正行《すおうまさゆき》　一九九六）のリメーク版が公開され、『幸福の黄色いハンカチ』（監督：山田洋次《やまだようじ》　一九七七）、『南極物語』（監督：蔵原惟繕《くらはらこれよし》　一九八三）など、大ヒットした日本映画はほとんどリメークのリストに載っている。

　最も目立つのは、日本の若手監督が手がけた日本のホラー作品群だ。『リング』（監督：中《なか》田秀夫《たひでお》　一九九八）のリメーク版（二〇〇二）の商業的成功以来、日本のホラーが注目され、『呪怨』（二〇〇三）の清水崇《しみずたかし》監督が手がけたハリウッド・リメーク版『ＴＨＥ　ＪＵＯＮ／呪怨』（二〇〇四）は、アメリカで公開以来二週連続、興行成績一位を占めた。柳の下にドジョウがいなくなるまで手出しをするハリウッドは、次々とリメーク作品をリストに入れている。中田秀夫監督の『女優霊』（一九九九年）、『仄暗い水の底から』（二〇〇一）、『カオス』

（二〇〇〇）。『回路』（監督：黒沢清《くろさわきよし》　二〇〇〇）、『感染』（監督：落合正幸《おちあいまさゆき》　二〇〇四）、『予言』（監督：鶴田法男《つるたのりお》　二〇〇四）。

まさに買いあさっているという感じだ。小泉八雲《こいずみやくも》をはじめとして、外国人は日本のストーリーならまずホラーに目をつける。海外でもすでに特定の市場で成功が検証されたものを、手直ししてスケールアップして大きな市場に出すというハリウッドのやり方を、日本映画に踏襲しようとしている。盗用ではなく、権利が認められ。海外で日本人が活躍する場が広がったことはうれしいが、あまり手放しでは喜べない。過去の例を見ればわかるように、ハリウッドは、ストーリーでも才能でも使い捨てにするからだ。リメーク権が大量に売れたことで、日本映画が世界に認められたわけではなく、本当に日本映画に力があるならば、優秀な日本の映画人が海外に出て行くのではなく、日本の映画界に海外の才能を引きつけ、日本で働きたいという外国の映画人がたくさん出てくるはずだ。

それが実際に起きているのがアニメーションである。

黒澤明からのバトンタッチ

日本のアニメーション・スタジオに行くと、外国人のスタッフに会うことが多い。日本の実写映画で、外国人のスタッフに会うというのは、黒澤映画くらいしかなかった。私の個人的な経験でも、こういうことがある。かつて海外から映画人が来日すると、言うことは決まっていた。「黒澤明監督に会いたい」。黒澤監督に簡単に会えるわけはなく、せめて黒澤監督にゆかりの場所を訪問したいという人が多いので、黒澤監督の子息の久雄《ひさお》氏にお願いして、何度もハリウッドの映画人を横浜にある黒澤スタジオに連れていった。

『ジュラシック・パーク』の原作者マイケル・クライトンに講演を頼んだら、簡単に引き受けてくれた。来日してからマイケル・クライトンから「謝金はいらないから、黒澤明監督に会いたい」と言われた。当時、監督は怪我をされていて、とても会える状態ではなかったので、黒澤久雄氏に無理を言って、代わりに会っていただいたこともあった。

しかし、黒澤監督が亡くなられてから、来日した映画人が会いたがるのは、アニメーション監督になった。宮崎駿《みやざきはやお》であり、押井守《おしいまもる》であり、大友克洋《おおともかつひろ》になった。最近では、彼らにアーティストの村上隆《むらかみたかし》が加わった。スタジオ・ジブリやプロダクションIG、いまはなき「スチームボーイ・スタジオ」などに、『ポカホンタス』のエリック・ゴールドバーグ監督、ハリウッド・アニメーター・ユニオン会長、ILM（ルーカス・フィルムの特撮工房）の社長、PDI（『シュレック』などのアニメーション制作会社）の創業者などの外国の映画人を何度連れて行ったかわからないくらいだ。

海外、特にハリウッドの映画人の日本映画への関心が、日本の実写映画からアニメーションに移行していることを実感する出来事があった。

二〇〇一年夏、私の友人で、ハリウッドのアニメーター・ユニオン（正式名称：Motion Picture Screen Cartoonists Local 839）の会長を長く務めていたトム・シートから、アカデミー賞の主催団体であるアメリカ映画芸術科学アカデミー財団で、日本のアニメーションに関する有料セミナーを、アカデミー会員向けに開くので、企画に協力してほしいと頼まれた。案《あん》の定《じょう》、向こうから招聘したいと希望してきたのは、宮崎、押井、大友のいわゆる「御三家」といわれる三人の監督のいずれかということだった。

米アカデミー協会のアニメ・セミナーのパンフレット

その後、九・一一のテロ事件があり、

安全上の問題から依頼を私のほうで控えることにし、私も出席できなくなってしまった。当時ハリウッド留学中の幾原邦彦《いくはらくにひこ》監督に出演してもらうことにし、プロダクションIGの石川光久《いしかわみつひさ》社長に、アメリカで用事があったこともあって、参加してもらった。二〇〇四年十一月十四日に開かれた「日本から描く：アニメとその影響」という題名のセミナーは、アカデミー協会主催のセミナーの中で、チケットが最速で売り切れたという報告を受けた。そこで配布されたパンフレットには、『もののけ姫』（監督：宮崎駿　一九九七）、『GHOST IN THE SHELL　攻殻機動隊』、『AKIRA』（監督：大友克洋　一九八八）の御三家の作品と、今敏《こんさとし》監督の『パーフェクト・ブルー』（一九九七）の写真が掲載されていた。

「日本から描く：アニメとその影響」

アカデミー協会のセミナーの題名として「その影響」とうたわれているように、日本のアニメーションはアメリカ映画に「影響」を与えてきた。しかし、日本のアニメーションには影響力の自覚が、つい最近までなかった。

一九九七年か一九九八年に、ハリウッドのアニメーター・ユニオンのトム・シート会長からメールがあり、第二十六回アニー賞で宮崎駿監督が生涯功労賞に選ばれたので、バーバン

26回アニー賞授賞式（撮影：筆者）

クで開かれる授賞式に列席するように伝えてほしいと頼まれた。バーバンクはロサンゼルス郊外でアニメーション・スタジオが集積している。鈴木《すずき》敏夫《としお》プロデューサーに伝えたところ、事情があって監督は出席できないということだったので、シートに伝えると、宮崎監督のための席が用意されているので、お前が代わりに来ないかと誘われた。アニー賞を知りたいという気もあって、授賞式に出席して最前列の宮崎監督の席に座って、式典を見守った。

二〇〇二年にアカデミー賞に長編アニメーション部門ができるまで、アニー賞がアメリカのアニメーション業界で最も権威のある賞と言われていた。米アカデミー賞に長編アニメーション部門ができた翌年には『千と千尋の神隠し』（二〇〇一）がオスカーを獲得しているが、すでにアメリカのアニメーションの関係者は公式に宮崎監督の業績を顕《けん》彰《しょう》していたのだ。

『ライジング・サン』（監督：フィリップ・カウフマン　一九九三）の脚本家で、『コンゴ』のプロデューサーであるマイケル・バッケスは、私がプレゼントした『天空の城ラピュタ』（一九八六）を見てからというもの、会うたびに「宮崎駿はアニメーションのスタンリー・キューブリック」と繰り返し言っていた。かつて、ルーカスやスピルバーグやスコセッシが黒澤を師として敬愛していたように、多くのアニメーターは宮崎を師とあおぎ、特に『トイ・ストーリー』（一九九五）のジョン・ラセッタ監督との交友はつとに有名で、『ラセターさん、ありがとう』（スタジオ・ジブリ　二〇〇三）というドキュメンタリー映像にもなっている。

日本のアニメーションの痕跡

いま日本の表現者で、海外に最も大きな影響力を持っているのは、宮崎、押井、大友であることは疑いを入れない。映画の世界に限定しても世界中にその痕跡が認められる。アニメーションの代名詞として自他共に許していたディズニーの作品にしてもそうだ。

ゲーリー・トゥルースデイルとカーク・ワイズの共同監督の二作品から、宮崎監督の『ルパン三世・カリオストロの城』（一九七九）に似たシーンを日本人なら誰でも抽出できるだろう。『ノートルダムの鐘』（一九九六）には、城の屋根でのアクションを連想させる場面があり、『アトランティス　失われた帝国』（二〇〇一）での水中から都市が現われるシーンは『ルパン三世　カリオストロの城』そのものだ。『アトランティス』には『天空の城ラピュタ』に似たシーンもあり、後で述べるが他の作品との類似点でも問題になった。

『アトランティス　失われた帝国』に続いて公開された『リロ・アンド・スティッチ』（監督：クリス・サンダース、ディーン・デュボア　二〇〇二）の少女と宇宙人の関係は、『となりのトトロ』（監督：宮崎駿　一九八八）で描かれたメイとトトロの関係を参考にしたと監督自身が語っている。

宮崎だけでない。大友克洋でも押井守でも同じだ。両監督と個人的な親交があるハリウッドの映画人に、ジェームズ・キャメロンがいる。キャメロンが『ターミネーター2』（一九九一）を作るときに、自らが「キング・オブ・マンガ」と呼ぶ大友克洋に絵コンテを描いてもらおうとしていたことはよく知られているが、ターミネーターの世紀末的なイメージは、明らかに大友監督の『ＡＫＩＲＡ』（一九八八）の影響が認められる。さらに『ＧＨＯＳＴ

IN THE SHELL 攻殻機動隊』を見たキャメロンは、『攻殻機動隊』にかかわったアニメーター数人を引き抜き、ハリウッドでアニメーションを撮らせようとさえした。

アメリカン・アニメ

日本のアニメーションに魅力を感じて、関係者を連れ去ろうとする者もいれば、日本に来て、日本のアニメーターたちと一緒に制作したいと思う者もいる。どちらにしても、日本のアニメーションの魅力がなせるわざだ。

東京の阿佐ヶ谷《あさがや》にあるアニメーション制作会社で、フランスのクリエイター集団「サブ・ザ・ワールド」の三人が『Molly《モリー》, Star-Racer《スターレイサー》』を制作している。リーダーのサヴィン・イートマン＝エッフェル氏は、名前からもわかるように、パリのシンボルとも言えるエッフェル塔をデザインしたギュタス・エッフェルの孫である。二〇〇三年に私がパリの彼の仕事場を訪問したとき、彼は、来日準備のため、同僚の二人のアニメーターと日本語の勉強をしていた。

彼が仕事場を東京に移したのは、日本で作られているようなアニメーション、要するに「アニメ」を作りたかったからだ。欧米のアニメーションは子ども向けのものとして、複雑な筋立ては禁じられ、子どもは興味を一週間も維持できないとして一話完結でなければならないとされてきた。主役は男と決まっていた。しかし日本のアニメーションは、複雑で奥の深い物語を、長い時間をかけて物語る。そして主役は少年であったり、少女であることが多かった。彼は日本のアニメーションのように、連続する物語を、そして少女を主人公とするフランスのための「アニメ」を作るために東京にやってきた。

日本のアニメーションはあまりに大きな成功を収めたため、フランスでは社会問題ひいては政治問題にもなった。一九八三年には、ミッテラン政権の文化大臣ジャック・ラングが「日本アニメは文化侵略である」と遺憾の意を発表している。『ドラゴンボール』と『セーラームーン』があまりにも大きな成功を収めたため、日本のアニメーションを排除するために、「青少年向け視聴覚規正法」という法律を改正して、フランス製テレビ番組と海外番組との放映比率を定めた。後に雇用・連帯省付家族・児童担当大臣に就任する社会党議員セゴレーヌ・ロワイヤル女史は、一九九一年に日本のアニメーションを批判する本を出版して、話題の人となった。

以前、あるハリウッドの大物がこう私に言ったことがある。

「実写映画はハリウッドに任せろ。アニメーションは（日本人に）任せる」

こういった冗談が成り立つほど、日本のアニメーションの存在感は大きい。欧米のビデオショップで、アニメーションでまとまった棚が取れるのは、ディズニーかアニメだけだ。そのディズニーは、対象を三歳から七歳に定め、ストーリーを単純化し音楽やギャグなどでつないでいく。

そういったアニメーションの世界に向かって、大友克洋は『ＡＫＩＲＡ』で、アニメーションは子どもの専有物ではなく、大人のための表現にもなりうるのだということを宣言した。それにキャメロンはいち早く反応し、欧米の映画人は口を揃えて、日本のアニメーションは大人のものだというようになった。

セゴレーヌ・ロワイヤル女史の日本アニメ批判の書

日本のアニメーションが開拓してきた大人のアニメーションが世界で認知されるようになったとき、スピルバーグのドリームワークスが、その市場への参入を試みてきた。『ライオンキング』をはじめとする作品でディズニーのアニメーションを復活させ、スピルバーグとともにドリームワークスを設立したジェフリー・カッツェンバーグの挑戦である。『プリンス・オブ・エジプト』などの失敗の後、『シュレック』の1と2でついに成功を手にした。両作品とも、その年の最高の興行成績を収めたのである。当初、アニメーションなのに複雑なストーリーであることにとまどい、制作を躊躇《ちゅうちょ》するスタッフに向かって、カッツェンバーグはこういって説得したという。

「日本人が一〇歳から一五歳の市場を開拓できたのだから、われわれもできるはずだ」

日本のアニメーションの実写化

『ターミネーター2』は、CGが本格的に違和感なく使われた最初の作品で、『スター・ウォーズ』で道をつけたVFX映画のジャンルをCGに向かわせる決定的な役割を果たした。それも、大友の世界観に触発されて、アニメーションでしか表現できなかったものを、実写映画で表現しようとした意図的な最初の試みだった。キャメロンの限定的な試みを映画全編にまで拡大したのが、『マトリックス』（監督：ラリー・ウォシャウスキー、アンディ・ウォシャウスキー　一九九九）であった。

『マトリックス』（一九九九）が押井監督の『GHOST IN THE SHELL 攻

『攻殻機動隊』（バンダイビジュアル）

殻機動隊』を元にして作られたことは、監督したウォシャウスキー兄弟自身が認めている。『マトリックス』のプロデューサーは、次のように述べている。

「日本のアニメ『攻殻機動隊』を彼らが見せてくれたことがある。（略）彼らは興奮気味に、『今のを見たかい、僕たちはこれを実写で撮りたいんだ』と熱く語ってくれたことがある」（『Town Mook fx』）。

彼らとは監督のウォシャウスキー兄弟のことだ。また、『マトリックス』のアクションシーンは、鈴木《すずき》裕《ゆたか》のビデオゲーム『バーチャファイター』シリーズのCGの無機質なイメージを転用したものだ。倒されたエージェントが起き上がるときの動きなどは、明らかに『バーチャファイター』そのものだ。ウォシャウスキー兄弟は、『マトリックス』公開後、鈴木を何度か訪問している。

『マトリックス』の衝撃

『GHOST IN THE SHELL 攻殻機動隊』は、近未来と実写のようなリアリティーが大友の『AKIRA』と共通しており、世界の映画業界で注目される存在になっていった。一九八〇年以降、日本の実写映画は世界映画界で存在感を失なっていたが、アニメーションだけは、海外作品の下請けや、海外への販売、国際共同制作、そしてジェームズ・キャメロンなど日本のアニメーションを評価するビッグネームとの交流を通じて、海外の映画界とアクセスする機会を維持することができた。

『マトリックス』(ワーナー・ホーム・ビデオ)

先端技術についても、すべてのアニメーション関係者が、CG使用について、自己の死活問題としてつきつけられたため、新しい映像技術を他人事《ひとごと》ではなく、自己の問題として真剣に考えることを迫られた。そのため先端的な映像技術について継続的に触れていた。

押井守が『攻殻機動隊』に続いて発表する予定の『G・R・M』のパイロットフィル

ムを、高田馬場の小さなビルの一室で見せてもらった日のことをいまでも鮮やかに思い出すことができる。

一九九六年か一九九七年だったと記憶している。それは、押井が監督を予定していた実写映画のイメージを、プロダクションIGがアニメーションで作った五分あまりのパイロットフィルムで、押井が常々語っていた「アニメの手法で実写を撮る」ということを実現しようとしたものだった。完成のあかつきには、実写の人物が、CGやVFXで作られた背景などとデジタル合成されたものになるはずだった。

一九九七年十月二十八日、バンダイビジュアルの「デジタルエンジン構想」発表会が赤坂プリンスホテルで開催された。デジタルエンジン構想は『G.R.M.』ともう一つ、大友克洋のフルデジタル・アニメーション『スチームボーイ』を抱えていた。デジタル映像の時代を見据え、押井と大友というアニメーション業界の二大監督を擁《よう》し、デジタル合成の実写映画とフルデジタル・アニメーションというスケールの大きな構想に、私も大きな期待をよせ、協力を依頼されたとき、できる限りのことはしてあげたいと、機材協力に奔走したこともあった。

結局は二人の壮大なプロジェクトを両方ともにかかえ込むことができなくなり、「アニメの手法で実写を撮る」という、当時としてはあまりにも革新的な押井のプロジェクトは後回しになり、デジタルエンジンは資産を大友監督の『スチームボーイ』（二〇〇四）に集中させることになってしまった。

押井守は、「デジタルエンジン構想」に振り回されることとなり、『攻殻機動隊』の一九九五年から『AVALON』（二〇〇〇）発表までの五年間、作品を制作できないことになってしまう。その間に、ウォシャウスキー兄弟が「アニメの手法で実写を撮る」ということを実現してしまう。

『AVALON』は、『G.R.M.』でやろうとしたことをスケールダウンしたチャレンジではあったが、『マトリックス』公開の後では、「アニメの手法で実写を撮る」という革新性は薄れて見えた。押井は残念でならなかったろうと思う。ウォシャウスキー兄弟が『攻殻機動隊』を意識していた故に、なおさら無念だったろう。

『マトリックス』の衝撃は、日本のアニメーションを実写化したに等しいハリウッド映画が世界中で大ヒットしたことにあるのではなく、日本のアニメーション作品が歳月をかけて生み出してきた、現実には不可能な視点やシームレスに動く映像など、これまでアニメーションでしかできなかった表現方法、それも日本のアニメーションの刻印とも言えたものが、デジタル技術によって実写映像で実現されてしまったことにあった。

アニメーションと実写の境界が完全に取り払われてしまったと言っても過言ではない。こういったアニメーション領域への実写の侵食に対して、日本アニメーションがどのようにしてアニメーションであり続けるのかが、今後の大きな課題となっている。

アニメは、ストーリーの宝庫

『マトリックス』は、アニメーションは実写化でき、世界中の観客を引きつけられることをあまりにも大きな成功によって実証してしまったため、それからのハリウッドの動きは速かった。

ハリウッドは、アメリカン・コミック原作のテレビアニメーション作品をやつぎばやに実写化していった。『X―メン』（監督：ブライアン・シンガー　二〇〇〇）、『スパイダーマン』（監督：サム・ライミ　二〇〇二）、『ハルク』（監督：アン・リー　二〇〇三）、『デアデビル』（監督：マーク・スティーヴン・ジョンソン　二〇〇三）、『X―メン2』（監督：ブライアン・シンガー　二〇〇三）、『スパイダーマン2』（監督：サム・ライミ　二〇〇四）。それではあきたらず、日本のアニメーションの『ドラゴンボール』『AKIRA』『ルパン三世』

『新世紀エヴァンゲリオン』などリメーク権を取得している。日本のアニメーションは、テレビが中心で成長したため、膨大なストックがあり、見たこともない映像を実写化しようとしているハリウッドにとっては宝の山だ。

宝の山であったことは、昔も変わらなかった。欧米ではアニメーションは子どものものであるという先入観があり、大人の観客が真剣に見るべきものでないとは思われていたので、たとえ作品が日本のアニメーションに似ていたとしても、それが問題になるということは少なかった。日本の製作者もどんなに疑わしくても、参考にされたことを光栄に思い、取り立てて問題にはしなかった。それ故に、日本にアニメーションはストーリーや表現方法のアーカイヴのように使われてきた。

問題になったものもないわけではない。先にも紹介したディズニー・アニメーション『アトランティス　失われた帝国』（二〇〇一）は、ＮＨＫで放送された『ふしぎの海のナディア』に類似しているという多くの指摘がなされ、この問題を取り上げるウェブサイトができたり、『ディズニー批判序説　盗むディズニー訴えるディズニー』（兜木《かぶとぎ》励悟《れいご》　データハウス　二〇〇一）という本まで出版された。

二つの『ライオンキング』

そして『アトランティス』が語られるとき、必ず挙げられるのが、やはりディズニーの『ライオンキング』（監督：ロジャー・アラーズ、ロブ・ミンコフ　一九九四）と『ジャングル大帝』のことだ。

一方はアニメーションの代名詞ともいえるディズニーの大ヒット・アニメーションであり、他方、『ジャングル大帝』の原作者の手塚治虫が日本を代表する漫画家で、多くの弟子とファンをもっていた上に、手塚がディズニーの熱烈な信奉者であったため、問題は社会的関心を引きつけた。ストーリーライン、キャラクターのデザイン、カメラアングルなど、様々な点から類似点が指摘されたが、一九八九年二月九日に他界していた手塚本人に代わって、著作権継承者が声を挙げなかったため終息してしまったが、いまも疑惑はくすぶったままになっている。

『ライオンキング』はミュージカルにもなっており、それも日本との接点がある。ミュージカル版の演出家、ジュリー・テイモアは、子どもの頃から児童劇団に入り、一六歳でマイムの勉強のためパリに留学している。ニューヨークの大学卒業後、日本で文楽《ぶんらく》を勉強するために奨学金をもらうことができたが、途中で寄ったインドネシアに魅せられて四年間滞在する。

短期間だが来日して文楽も勉強したらしい。そして帰国後、演劇やオペラの演出を経て、『ライオンキング』の演出によって商業的な成功を収め、トニー賞を授与されている。『ライオンキング』は演出だけでなく、パペット（人形）のデザインまで彼女自身が手がけている。劇中に登場するミィーアキャットのティモンのパペットを作る上で、文楽を参考にしたことを、彼女は次のように書いている。

「最終的には、文楽形式のパペットでいくことにした。これは三人の人形遣いが人形を操《あやつ》るという日本の古典芸能の表現形式からヒントを得たものである。人形劇が始まってしばらくすると観客は人形遣いが気にならなくなり、人形を演じる役にだけ目がいくようになるというものだ。」（ジュリー・テイモア『ライオンキング　ブロードウェイへの道』藤田みどり訳　日之出出版　一九九八）

ディズニー対手塚治虫

「ディズニー狂いのぼく」（手塚治虫『ぼくはマンガ家』角川文庫　二〇〇〇）と自認するディズニー信奉者の手塚故に、ディズニー作品から借りてきていることがないとは言えない。手塚の代表作『鉄腕アトム』は、ディズニー・アニメーションの頂点に立つと言われている

『ピノキオ』（監督：ベン・シャープスティーン、ハミルトン・ラスケ　一九四〇）を参考にしていると、私は長らく思っていた。子どものいない男が、子どもの代替として主人公を作り出すことや、主人公がなれはしない人間になりたいと希求することなど、物語の骨格がまったく同じだからだ。アトムの原型となった「アトム大使」の細長い姿もピノキオとよく似ていた。さらには、手塚は東光堂という出版社からディズニー・アニメーションの描き下ろし単行本『ピノキオ』を出版している。この漫画を描くために手塚は、『ピノキオ』の映画を一〇〇回以上見たと伝えられている。ビデオなどない時代なので、眼に焼き付けるしかなかった。

こういった事実からアトムの原型はディズニー版『ピノキオ』だと思っていたのだが、しかし時期が微妙にずれていることがわかった。映画『ピノキオ』の日本公開は一九五二年五月十七日であり、『鉄腕アトム』の原型である「アトム大使」の連載が始まったのは、雑誌『少年』（一九五一年四月号）からだ。そのためアトムの連載のほうが映画の公開よりも早くなる。また、手塚版『ピノキオ』の単行本の発行日は一九五二年六月五日となっているが、日本では出版日を遅らせて印刷することが常習化しているため、映画の公開とほぼ同じ時期に出版されたと考えられる。たとえ八八分の作品とはいえ、一〇〇回以上見るには二週間以上かかるだろうから、公開前に見ていた可能性もある。妖怪マンガで知られる水木《みずき》しげるが手塚の漫画を見たとき、「アメリカのディズニー漫画の日本支店だな」（「私の履歴書」第二十八回、『日本経済新聞』二〇〇三年八月二十九日）と思ったという。

当時、ＧＨＱは日本人の「民主化」、正確にはアメリカ化のために、アメリカの作品を積極的に日本に紹介しようとしていたために、著作権についてはいまほど厳格ではなかった。一九五〇年六月に朝鮮戦争が始まっているし、ハリウッドでも反共の牙城だったディズニー作品の日本への紹介をＧＨＱは積極的に支援したはずである。それでも著作権の管理がハリウッドでも最も厳しいディズニー作品故に、ディズニーの許可なく、手塚がこの本を出したとは考えにくい。しかしながら、手塚版『ピノキオ』は手塚治虫の全集にも収録されておらず、再版不可能となっている。一方、ディズニーは手塚の許可など関係なく、『ライオンキング』を出せるのだ。

『ピノキオ』と日本の作品の関係は他にもある。黒澤明の師匠にあたる山本嘉次郎《やまもとかじろう》が演出した『エノケンの孫悟空』（一九四〇）には、『ピノキオ』の主題歌「星に願いを」の替え歌が出てくる。驚くのは両作品とも一九四〇年の公開で、『ピノキオ』は二月七日にプレミア公開され、『エノケンの孫悟空』は十一月六日公開であった。この年に国家総動員法が制定された。わが国でもアメリカ映画は一九四一年夏までは日本国内で上映されていたが、ディズニーの長編劇場用アニメーションの日本公開は戦後までもちこされる。『エノケンの孫悟空』では、アメリカで公開されたばかりの『ピノキオ』の「星に願いを」の他にも、『白雪姫』(監督：デヴィッド・ハンド　一九三七)の挿入歌「ハイホー」、『三匹の子豚』(監督：非明示　一九三三)の主題歌「狼なんか恐くない」といったディズニー・ソングの替え歌が次から次へと登場する。

日本か東洋か

アニメーションを追うように、二十一世紀になって、日本そのものを舞台とする映画作品が数多く現われてきた。これまで、日本を描いた作品というと、欧米ではない東洋の国とわかればいいというものだった。外見も、バックグラウンド・ミュージックも、日本と中国が混在していた。ハリウッド・メジャーでは初めての日本撮影を行なった『東京暗黒街　竹の家』(監督：サミュエル・フラー　一九五五)は、珍奇な衣装風俗などが続出し、期待が大きかっただけに国辱映画とまで言われた。

しかし、それをわれわれは批判できない。日本映画が国情や民族性について、それぞれの国民や民族が納得できる描き方をしてきたかと自問して、首肯できる日本人はいないはずだ。アメリカ人やアメリカならともかく、ヨーロッパになると、もう心もとない。アジアやアフリカになると、ほとんどでたらめで、「土人」や「原住民」、「未開人」という概念で一くくりにしていたことも少なくない。

アメリカ映画に出てくる日本や日本人は、まさに日本が描くアジアでありアフリカであった。一般のアメリカ人にとって日本人が何者であるかについて関心はなく、東洋人らしければいい。『ハリウッドの日本人　「映画」に現れた日米文化摩擦』（垣井道弘《かきいみちひろ》　文藝春秋　一九九二）に、アジア人として初めてハリウッド・スターとなった早川雪洲《はやかわせっしゅう》の長男の言葉が載っている。長男は父についてこう語っている。「日本人でありながら東洋全体を代表しているみたいなポジションを取ることができた」。東洋を代表していたとも、あるいは東洋という大まかなくくりでしか見られていなかったともとれる。

ゲイシャの価値

日本人を描いたハリウッド映画については、その他に、幸い以下のような本で知ることができる。

村上由見子《むらかみゆみこ》『イエロー・フェース　ハリウッド映画にみるアジア人の肖像』（朝日選書　一九九三）

Gina Marchetti "Romance and the Yellow Peril: Race, Sex, and Discursive Strategies in Hollywood Fiction" (Berkeley, CA: University of California Press, 1993)

　これらの本が挙げている作品リストを見ると、日本を他国と区分する数少ない概念が、「ゲイシャ」であり、次いで「サムライ」と「ニンジャ」である。原題に「ゲイシャ」という言葉が含まれている戦後のハリウッド映画には以下のようなものがある。

『ゲイシャ・ガール（Geisha Girl）』（監督：ジョージ・P・ブレークストン、レイ・スタール　一九五二）

『黒船（The Barbarian and The Geisha）』（監督：ジョン・ヒューストン　一九五八）

『青い目の蝶々さん（My Geisha）』（監督：ジャック・カーディフ　一九六一）

『底抜け慰問屋行ったり来たり（Geisha Boy）』（監督：フランク・タシュリン　一九六二）

　日本で公開されたかどうか確認できない『ゲイシャ・ガール』を除くと、すべて日本題名から芸者という言葉を外《はず》していて、日米の芸者という言葉に寄せる思いが違うことがわかる。題名についていなくても、芸者が登場する映画としては、『八月十五夜の茶屋』（監督：ダニエル・マン　一九五六）や『嬉し泣き』（監督：ジョージ・マーシャル　一九六一）などがすぐに思いつくが、かなりの数になるに違いない。アメリカに紹介された日本映画の英語題名にも「ゲイシャ」という言葉を入れることが多い。

『祇園囃子（A Geisha）』（監督：溝口健二《みぞぐちけんじ》　一九五三）
『太夫さんより女体は哀しく（A Geisha in the Old City）』（監督：稲垣浩《いながきひろし》　一九五七）
『四畳半襖《ふすま》の裏張り（World of Geisha）』（監督：神代辰巳《くましろたつみ》　一九七三）
『陽暉楼（The Geisha）』（監督：五社英雄　一九八三）
『あげまん（Tales of a Golden Geisha）』（監督：伊丹十三《いたみじゆうぞう》　一九九〇）
『おもちゃ（The Geisha House）』（監督：深作欣二　一九九九）

ハリウッド映画ではないにしても、日本を舞台にした最も有名な映画『007は二度死ぬ』（監督：ルイス・ギルバート　一九六七）を見れば、外国人が日本で見たがっているものが何かがわかる。城、人力車、相撲、海女、混浴風呂、柔道、空手、刀、忍者、ハイテク、それと芸者だ。フィンランドで最も有名なチョコレートは「ゲイシャ」という商品名だし、青森県住宅供給公社横領犯の妻アニータ・アルバラードはチリに帰国後、「チリ人ゲイシャ」と呼ばれ、自らも「アニータ、ラ・ゲイシャ・チレーナ（アニータ、チリ人芸者）」というC

Dや「ゲイシャ・ワイン」を売り出している。

東京大学工学部の礎《いしずえ》を築いたイギリス人、ヘンリー・ダイアーは、一九〇三年に出した著書の中で、次のように断言した。「日本のゲイシャは、世間からちゃんと社会的な身分を認められていて、けっして言われるような堕落した淫らな存在ではなく、きわめて知的で教養のある職業人である」（ヘンリー・ダイアー『大日本』平野勇夫訳　実業之日本社　一九九九）。

こういった例外もあるが、「Ｇｅｉｓｈａ」という言葉のイメージについての総括は、芸妓だった岩崎峰《いわさきみね》子《こ》にゆだねよう。

「多くの誤った記述や作品によって、世界じゅうの知日家、親日家といわれる人々にさえも、事実とはかけ離れた隠微な世界と思われ、従属的な女性の生きざまを植えつけられてしまっています。」（岩崎峰子『芸妓峰子の花いくさ』講談社＋α文庫　二〇〇二）

「花柳界の芸妓は、古典芸能を技芸保持を生業《なりわい》とする自立した女性の職業なのです。」（岩崎峰子『祇園の教訓』幻冬舎　二〇〇三）

サムライの価値

アメリカでは、「Ｇｅ·ｉｓｈａ」とは異なり、カウボーイのイメージが強いせいか、『ラスト　サムライ』が出るまで、「Ｓａｍｕｒａ·ｉ」と題名についた大作や話題作はなかった。「Ｓａｍｕｒａｉ」という言葉は、むしろフランスで好まれるようだ。ジャン・ピエール・メルビルは日本の武士の渋さや、禁欲的で他言をせず、仕事に命をかけるというイメージが好きだったようで、自分の映画に何度もそのイメージを使っていたが、ついには『サムライ(Le Samourai)』(一九六七)という映画を作り、主役のアラン・ドロンは、自分がプロデュースした香水に「サムライ」と名付けた。

『ＲＯＮＩＮ』(監督：ジョン・フランケンハイマー　一九九八)は、アメリカ映画なのに、パリが舞台だ。メルビルが『サムライ』で作りあげた、日本の侍を意識しているギャングには、やはりパリが似合うということか。

フランスを代表する映画監督・プロデューサー、リュック・ベッソンがかかわっている作品にも、日本語のような題名が多い。『神風』(監督：ディディエ・グルッセ　一九八六)、『ＷＡＳＡＢＩ』(監督：ジェラール・クラヴジック　二〇〇一)、『ＹＡＭＡＫＡＳＩ　ヤマカシ』(監督：アリエル・ゼトゥン　二〇〇一)、といった具合だ。

白人は日本人になれるか

外国の映画で日本人役の俳優がつたない日本語を喋っていることがよくある。しかし、一般のアメリカ人は日本人が何語を喋っているか関心はない。私は真顔でアメリカ人から「日本人は何語を喋っているのか」と聞かれたことがあるし、私の知人は一所懸命英語で喋っていたら、アメリカ人から「日本語は英語に似ているね」と言われたらしい。民族がそれぞれの言語や表現方法を持っているということは、移民の国アメリカでは常識ではない。

容姿にしても同じようだ。先に挙げた映画で面白いのは、ハリウッドのスターが時として日本人を演じていることだ。

『八月十五夜の茶屋』ではマーロン・ブランドが沖縄の男を、『青い目の蝶々さん』ではシャーリー・マクレーンが芸者に化け、『サヨナラ』(監督：ジョシュア・ローガン　一九五七)ではメキシコ出身のリカルド・モルタバンが歌舞伎役者を演じている。

『007は二度死ぬ』でもジェームズ・ボンドが日本人に化けて、隠しおおせるという設定になっている。ちなみに『青い目の蝶々さん』のプロデューサー、スティーヴ・パーカーはシャーリー・マクレーンと一九五四年に結婚し、一九八二年に二人は離婚している(シャーリー・マクレーン『マイ・ラッキー・スターズ』岩瀬孝雄訳　早川書房　一九七七)。日本に長く滞在し、二〇〇三年に死去した彼の蔵書の何冊かは、本書の後で触れる柴田秀利《しばたひでとし》から、私の知人である西尾安裕《にしおやすひろ》氏を経て私の手元にある。

外国人が芸者や歌舞伎者者になって外国人であることが判明しないという設定は、面白いことを何よりも優先させるハリウッドらしい割り切り方と言えるが、一方で、多様な文化への感受性の低さや無頓着さは常に指摘されてきた。しかし移民の国アメリカなら、たしかにシャーリー・マクレーンの芸者や、メキシコ系の歌舞伎役者がいても不思議はないのかもしれぬ。

『Mr.Moto's Last Warning』（Alpha Video）

アメリカで日本人の顔として最も多く再生産されているのは、日本人探偵が活躍する『ミスター・モト』シリーズのピーター・ローレの容姿であった。一九三七年から一九三九年の間に八本も製作された人気シリーズだった。ピーター・ローレは、ハンガリー生まれで、『M』（監督：フリッツ・ラング　一九三一）の変質者役で国際的に知られ、渡米して『マルタの鷹』（監督：ジョン・ヒューストン　一九四一）や『カサブランカ』などに出演した。

ローレ演ずる日本人探偵モトは、背が低くメガネをかけ、慇懃無礼《いんぎんぶれい》で本心をあかさず、柔道の達人である。ピーター・ローレが作り出した日本人のステレオタイプというよりも、一般のアメリカ人が抱いていたステレオタイプにハリウッドがピーター・ローレを当てはめたのであろう。

その後、日本人男性のカリカチュアは常にローレのミスター・モトの変形となり、その代表作が『ティファニーで朝食を』（監督：ブレク・エドワーズ　一九六一）でミッキー・ルーニーが演じた日本人カメラマン、ユニオシであった。ローレのイメージをさらにデフォルメし、出っ歯が強調されていた。

『さゆり』と『ラスト　サムライ』の相違

こうしたゲイシャとサムライが、いまも価値を持つことを証明するかのように、ゲイシャとサムライという言葉が題名に入った、『ラスト　サムライ』が公開され、『Memoirs of a《メモワール　オブ　ア》 Geisha《ゲイシャ》（邦題「さゆり」）』（監督：ロブ・マーシャル　二〇〇五）が制作中である。

『メモワール・オブ・ア・ゲイシャ』は、一九九九年アーサー・ゴールデンがアメリカで発表したベストセラー小説を映画化するもので、この小説の邦訳が出版されたとき、定石通り芸者という言葉は外され、『さゆり』（小川高義《おがわたかよし》訳　文藝春秋　一九九九）となっていた。京都祇園に生きた芸妓さゆりの半生を描いたものだが、祇園の花柳界では芸者でなく芸妓といい、そして芸妓の見習いを舞妓というため、『メモワール・オブ・ア・ゲイシャ』という題名そのものが間違っている。

『シカゴ』（二〇〇二）のロブ・マーシャル監督が手がける映画では、ヒロインの芸妓をチャン・ツィイーが演じ、その他の重要な芸妓の役にコン・リーとミシェル・ヨーといった国際的に知名度の高い中国系の女優が配役されている。そして、台詞《せりふ》はすべて英語である。

『ラスト　サムライ』との相違は明らかである。

『ラスト　サムライ』では、日本人の役は日本人が演じ、日本人が英語を喋っている理由が説明され、アメリカ人が日本にいる理由が説明され、描いた国に対する配慮が見られるが、『メモワール・オブ・ア・ゲイシャ』は、『タイム』誌に「中国人と日本人の見分け方」といった記事を掲載する必要があった当時、つまり真珠湾攻撃の二週間後のままだ。日本人の役を非日本人が英語で演じる。それも岩崎峰子の言葉を借りるならば、日本の「古典芸能を技芸保持を生業とする自立した女性」を日本人以外の女優が演じる。『ラスト　サムライ』はこれまでに述べたように、日本映画を代表する黒澤映画をハリウッドなりに再生しようとした試みであるのに対し、『メモワール・オブ・ア・ゲイシャ』は、これまでのハリウッドが描いてきたゲイシャ映画の延長上にある。そういう意味では『メモワール・オブ・ア・ゲイシャ』は古風な映画なのだ。

日本を日本として

『ラスト　サムライ』が明治維新の風俗や史実とはかけ離れてはいるものの、エドワード・ズウィック監督は日本が日本であるように腐心した痕跡はある。同じように、異文化を示すアイコンとしての日本ではなく、日本を日本として、映画本来のリアリティーにゆだねて描こうという試みが増えている。

『ニューヨーク・タイムズ』(二〇〇四年一月四日)の「Hollywood's Land of the Rising Cliché」という記事は、ハリウッド映画に突如として日本のイメージが蔓延していると報じている。

その記事には、『キル・ビル』や『ラスト　サムライ』とともに、『ロスト・イン・トランスレーション』(監督：ソフィア・コッポラ　二〇〇三)とオーストラリア映画『ザ・ジャパニーズ・ストーリー』（監督：シュー・ブルックス　二〇〇三）が挙げられている。それらの作品は、エキゾティズムや、戦争や経済の敵国としての定型の日本ではない表現で共通しており、さらには評価も高い。これまでの映画の多くが観光映画に過ぎなかったのに対し、後者の『ロスト・イン・トランスレーション』と『ザ・ジャパニーズ・ストーリー』の二作品は映画賞にも選ばれている。

これまでにも世評が高かった作品がなかったわけではない。一九五七年に公開された『サヨナラ』（監督：ジョシュア・ローガン）と『戦場にかける橋』（監督：デビッド・リーン）だ。『サヨナラ』では、ナンシー梅木《うめき》（ミヨシ梅木）が、アジア人として初めて、またアメリカ人とイギリス人以外で初めてのアカデミー賞の助演賞を受賞している。わが国初のプロのジャズシンガーであったナンシー梅木扮するカツミは、アメリカ兵と恋をし、一途に彼に尽くすが、上司が二人を引き離そうと転任を命じたため、二人は心中をする。ナンシー梅木は、一緒に風呂に入って背中を流すというような、アメリカ男性が夢想するどんなことにも隷属する日本女性の像を作り出し、助演女優賞をもらうことになった。

『サヨナラ』はアカデミー賞の作品賞と主演男優賞にもノミネートされていたが、『戦場にかける橋』が、その両方で勝者となり、監督賞を含め七つのオスカーを受賞している。助演男優賞でも早川雪洲がノミネートされ、第三十回のアカデミー助演賞には、ナンシー梅木と早川雪洲の二人の日本人がノミネートされていた。早川を押さえて助演男優賞を受賞したのは、ナンシー梅木の恋人役のレッド・バトンズだった。

この二作品は、日本の景観や日本人のステレオタイプを丁寧に描いた故にアメリカで評価されたといえよう。

一九八二年に、ある雑誌(『サイト・アンド・サウンド』創刊号)のために、『博打打ち総長賭博』や『仁義なき戦い』シリーズの脚本で知られる笠原和夫《かさはらかずお》にインタビューしたことがある。笠原が、世評の高い『戦場にかける橋』を、アングロサクソンの植民地的史観から作られた作品だと断じたことを、いまでも思い出す。『戦場にかける橋』のデビッド・リーン監督が、一九八四年に公開した『インドへの道』はこれまでの植民地主義の視点を自己批判したような作品で、リーンにとっての『インドへの道』は、ジョン・フォードにとっての『捜索者』に当たるのかもしれない。

白人女性と日本男性

オーストラリアの『ジャパニーズ・ストーリー』は、地質学者のオーストラリア女性が、日本人サラリーマンと恋に落ちるという作品だ。プッチーニのオペラ『蝶々夫人』の昔から、白人男性と日本女性あるいはアジア女性の恋というのが決まりだった。そうでなければならなかった。『東は東』（監督：キング・ヴィダー　一九五二）も、『東京暗黒街・竹の家』も、世界中で大ヒットした『慕情』（監督：ヘンリー・キング　一九五五）も、『やさしい狼犬部隊』（監督：リチャード・マーフィ　一九五五）も、『八月十五夜の茶屋』も、『東京特ダネ部隊』（監督：ジェシー・ヒップス　一九五七）も、『サヨナラ』も、『戦場にかける橋』でさえも、そして『007は二度死ぬ』や『ラスト　サムライ』まで。その逆の関係になるのは、早川雪洲の代表作『チート』（監督：セシル・B・デミル　一九一五）のように、白人女性によこしまな欲情を抱く日本男性か、『王様と私』（監督：ウォルター・ラング　一九五六）のように恋人は王という特殊な存在の場合だ。

さらに反日感情がある。ジョン・W・ダワーの『容赦なき戦争　太平洋戦争における人種差別』（斎藤元一訳　平凡社ライブラリー　二〇〇一）が描いているように、第二次世界大戦では、ドイツやイタリアと連合軍の白人同士の戦争に比して、日本軍と連合軍は互いの人種差別と偏見によって、殺すか殺されるかという、これまでにないような惨い戦いとなった故、戦争の規模に比べて捕虜の数が少なかった。また捕虜の待遇も劣悪なものだったという。オーストラリア兵は、捕虜となった兵士が日本軍に虐待されたとして、いまでも反日感情があり、特に、戦争を経験した者には反日感情が強いと言われている。一九七二年まで有色人種を排斥する「白豪主義」を公式にとっていた国であったため、日本の捕虜体験の屈辱感は一層増幅され、反日感情が長く温存されたにちがいない。

それ故に『ジャパニーズ・ストーリー』は、オーストラリアにとって衝撃的な作品だった。オーストラリアの観客は、『招かれざる客』（監督：スタンリー・クレイマー　一九六七）の両親と同じ立場に立たされた。白人の美しい娘が、結婚相手として黒人男性を両親に紹介する。リベラルだと自認していた両親はたじろぎ、苦悩する。『ジャパニーズ・ストーリー』が一つの変化を示しているものかどうかはわからないが、この挑戦はオーストラリア国内では評価されている。オーストラリアのアカデミー賞に当たるオーストラリア映画協会（AFI）最優秀作品賞を受賞している。

フランシス・コッポラの娘

『ジャパニーズ・ストーリー』はプロデューサーも監督も脚本も女性だが、『ロスト・イン・トランスレーション』も女性監督の作品だ。デビッド・リーンが繰り返し描いてきた異文化体験を継承した作品で、女性が異国で感じる孤独や疎外感を描くということでは『旅情』(一九五五)や『インドへの道』に近い。最近のハリウッド映画が、タランティーノの作品も『ラスト　サムライ』も、映画から学んだ「映画の映画」であり、ストーリーをどこかから借りてきたものであるのに対し、『ロスト・イン・トランスレーション』は、監督であるソフィア・コッポラの個人的体験をもとにした映画だ。サントリーのCM撮影のため来日した中年ハリウッド・スターが、東京で若いアメリカ女性と出会い、淡い恋に落ちる。

ソフィア・コッポラの父であるフランシス・コッポラ監督は、ルーカス、スピルバーグ、スコセッシなどの兄貴分で、黒澤明監督の『影武者』をプロデュースしている。芸妓のときに父のコッポラと個人的にも親交のあった岩崎峰子は、彼の人となりを『祇園の課外授業』(集英社　二〇〇四)で、こう紹介している。

「外国からいらしたお客さまを見ていても、ヨーロッパの方には他の文化を認めるという姿勢がありますが、アメリカの方は欧米が一番、とくにアメリカが世界一、といった狭い考え方をする人が多いようです。コッポラさんはそういうアメリカ人とは、まったく違って、日本の伝統文化についても、東洋の思想についても、積極的に理解しようとされていました。」

その娘でも、意志の疎通がままならず、日本体験はとまどいや驚きだらけだったようで、ソフィア・コッポラの目を通して見た東京は、かつての、明治維新の折によく書かれた日本の印象と、さほど変わらないように思える。

異文化としての日本

『ロスト・イン・トランスレーション』も『ジャパニーズ・ストーリー』も、接触の頻度が多い割に、文化障壁が大きいという理由から日本や日本人が選ばれたのだろう。しかし異文化との遭遇とは、いつまでたってもそのようなものであるはずで、それがないと思うことこそ不遜だ。とまどいがないということは、文化の多様性が消し去られたということであり、とまどいこそが健全な証拠だ。あるいは、いつまでたっても、アメリカ人をたじろがせる独自性に富んだ文化なのか。日本は変わったとはいえ、外国人の目から見ればさほど変わっていないのか。

『ロスト・イン・トランスレーション』に出てくる日本人は、ミスター・モトやユニヨシのようなイメージとしての日本人ではない。東京で二七日間のロケを行ない、日本の俳優を使ったものだが、それでも日本人の行動をカルカチュアしているという批評が少なからずあったのも事実だ。このDVDのパッケージに「映画史に残るラブストーリーを誕生させた」と書かれているように、日本では恋愛映画として売り込まれた。しかしアメリカでは違うジャンルに分類されている。『ロスト・イン・トランスレーション』は、ゴールデン・グローブ賞の脚本賞とともに、コメディ／ミュージカル部門の作品賞とビル・マーレイの同部門主演男優賞を受賞している。要するにコメディなのだ。この喜劇的ストーリーがアメリカで支持されていることは、第七十六回アカデミー賞で最優秀脚本賞を受賞していることでも証明されている。

しかし、『羅生門』が提示したように、事実は認識した人によって様々だから、ソフィア・コッポラの目を通した日本人の行動は、コメディとして認識され、さらに言えば、過去のミスター・モトやユニヨシのように認識されたに違いない。侘《わ》び、さびという概念がないと、その存在さえも認識できないように、また概念があれば、その存在が際だってしまうように、日本男性を見ると、コミカルとしか見えなかったのだろう。

『ジャパニーズ・ストーリー』や『ロスト・イン・トランスレーション』に現われる日本人が、日本人が見て現実の姿に近づいたと認識できるのならば、海外の映画人の中に認識の変化が起こっていると思っていいだろう。しかし、岩崎峰子が言うとおり、アメリカ映画『ロスト・イン・トランスレーション』では、アメリカ人は日本人と結局は意思疎通ができず、孤独を救うのはアメリカ人同士なのだ。それが、デビット・リーン作品との決定的な相違だ。

二人の女流監督が、現代に生きる日本人をリアルに描くことを可能にしたのは、製作費の少ない小品だったからだ。ハリウッドのメジャーと言われる撮影所の作品は、一本の映画を作るのに、六〇〇〇万ドル以上かかるのに、『ロスト・イン・トランスレーション』は、その一〇分の一以下の四〇〇万ドルで製作している。インディペンデント映画としては異例の当時最高の興行成績で、四十数億円も稼いだ。アートハウス系映画のアカデミー賞とも呼ばれるインディペンデント・スピリット賞で、『ロスト・イン・トランスレーション』が、作品賞、監督賞、脚本賞、主演男優賞の四部門を受賞している。

哈日族と韓流

欧米ではアニメーションを除き、日本の実写の映画やTVドラマの人気は限られていたが、アジアでは、日本で作られたTV番組が自国の番組をしのぐほどの人気を獲得することもある。一九九二年、台湾のスターTVで、日本のTV人気ドラマ『東京ラブストーリー（東京愛情故事）』が放映され、爆発的にヒットした。その後も、『101回目のプロポーズ（一零一次求婚）』、『あすなろ白書（愛情白皮書）』と次々に放映され、人気を博した。
ちょうどその頃、日本を好きであることを隠さず、表明する人たちが登場し、「哈日《ハーリー》族」と呼ぶようになった。日本が台湾を植民地にした歴史もあり、表立って日本を好意的に語ることははばかられてきたが、日本好きを公言する作家が、その過去を断絶してしまった。「哈」とは「崇拝する」という意味の台湾語で、彼女は自ら哈日杏子と名乗り、著書『早安日本（おはよう日本）』というマンガの中で使った造語「哈日」（日本大好き）が広まり、「哈日族」の言葉が生まれた。

台湾には「日本大好き」ということを声をあげて言う人が出てきたが、韓国では日本文化の輸入が禁じられてきた。段階的に解禁され、残すは日本のアニメーションのみとなっている。解禁以前は、日本の作品が紹介されるのは、ほとんど海賊版であったが、映像の場合は個人でビデオが利用できるようになるまでは、リメーク版という形で紹介されていた。

一九六〇年代から一九七〇年代にかけて韓国には、日本映画をリメークした作品が少なくない。吉永《よしなが》小百合《さゆり》と浜田光夫《はまだみつお》コンビなどの日活青春映画の多くが、韓国で作り直されて公開されている。『狂った果実』の中平康が監督した『泥だらけの純情』（一九六三）のリメーク作品は、カット、アングルまでほとんど同じである。日本と韓国では、若者が置かれた状況が似ているのかもしれない。貧しい若者たちが愛し合って、死んでいくという悲恋は、語り草になるくらいのヒットとなった。

こういった時期を経て、韓国政府が映画やアニメーション、ゲームなどいわゆるコンテンツ産業を国策として支援したこともあって、韓国のコンテンツは急速に国際競争力をつけていった。そして台湾での日本のTV番組の人気を危うくしたのが、韓国のTVドラマだった。日本でも『冬のソナタ』が放映されて以来、「韓流《ハンリユウ》」ブームが二〇〇四年の日本を駆け抜けた。二〇〇四年は、二〇〇五年の日韓友情年を先駆けた「韓流」ブームの年であったと長く記憶されるだろう。

『Love Letter』と『冬のソナタ』

二〇〇四年一〇月末、『冬のソナタ』のユン・ソクホ監督と話す機会があった。日本を含め東アジアで、『冬のソナタ』が大きな支持を得た理由を監督本人に聞いてみた。ユン・ソクホ監督は韓国以外で見てもらうことを意識して作ったわけではないが、東アジアで、韓国ドラマの人気が上がっていることを聞いていて、『冬のソナタ』を作る際に、韓国の瓦屋根のような韓国らしい風景や、床に座るとか、韓国料理を食べるとか、韓国の民族服などは避けるようにしたということだった。かつての日活映画や、最近の日本のTVのトレンディ・ドラマと同じ無国籍を装《よそお》ったわけだ。日本のトレンディ・ドラマブームも、東アジアでの人気に火がついた背景には、アジアの大都会であればどこでも見られるような景観の中で、登場人物がおしゃれに装って行動して、誰でもが少し無理をすれば手が届きそうな状況を提供していた。

しかし無国籍性は国境の敷居を低くはできるかもしれないが、それ故に国境を越えるわけではない。それだけでは、NHKの『おしん』（一九八三―一九八四）がアジア諸国で大ヒットしたことの説明がつかない。やはりドラマの良し悪しと、文化の近似《きんじ》性が人気の最大の理由だ。

左から『冬のソナタ』のユン・ソクホ監督、『ヘブン・アンド・アース』のフー・ピン監督、著者（撮影：張康生）

また、『冬のソナタ』の逆の現象が一九九九年に起こっていたことは、日本ではあまり知られていない。一九九九年六月、岩井俊二《いわいしゅんじ》監督の『Love Letter』（一九九五）が韓国で公開されて、大ヒットした。主役の中山美穂《なかやまみほ》が口にする「お元気ですか」は、韓国の若者の間で流行語となり、そのために、『冬のソナタ』のヒロイン、チェジウが来日した際に、開口一番「お元気ですか」と日本語で挨拶した。韓国で『Love Letter』が公開した年に、映画の舞台となった小樽では、アジアからの観光客（宿泊のべ人数）が急増した。

復元しつつある東アジア文化共同体

泥沼化して一五年も続いた日中の戦争や、韓国の植民地化などがあり、東アジアでは近親《きんしん》憎悪《ぞうお》の時期が長く続いていたが、それも雪解けの気配が見られる。東アジアの国々は長らく緩《ゆる》やかに文化を共有してきた。韓国で日本文化の輸入を禁じていたのも、日本文化が韓国文化と同質性が高いため、それだけ浸透速度が速いと危惧《きぐ》していたからであろう。哈日族、韓流ブーム、そして『Love Letter《ラブレター》』のヒットなどは、また再び文化的共同体が国境を越えて回復されつつある前兆である。『冬のソナタ』の何百年も前に、日本人は中国と韓国の文化を敬慕し、漢詩を吟《ぎん》じ、朝鮮の陶器を愛《め》でていたではないか。

『Love Letter』は韓国だけでなく、台湾や香港でもヒットした。しかしヨーロッパでは、まったく異なる反応だった。レーザーディスク版『Love Letter』では次のように物語の概要が紹介されている。

「神戸に住む渡辺博子（中山美穂）は、山の遭難でフィアンセの藤井樹を亡くして二年が経った。三回忌の帰り道、樹の家を訪れた博子は、樹の中学時代の卒業アルバムから、彼がかつて住んでいた小樽の住所を見つけ出した。博子は忘れられない彼への思いをいやすために、彼が昔住んでいた小樽＝天国へ一通の手紙を出した。ところが、あろうはずのない返事が返ってきた。やがて、博子はフィアンセと同姓同名で中学時代の同級生、ただし女性の藤井樹が、小樽にいることを知る。……」

渡辺博子と女性の藤井樹を中山美穂が一人二役で演じ、同姓同名の藤井樹が二人登場したこともあって、ヨーロッパの観客は混乱してしまい、ストーリーを追うことすらできなかったという。日本の実写映画が欧米で人気がない理由として、日本人の俳優が、みんな同じように見えてストーリーが理解しにくいということが、よく指摘される。黒澤作品が欧米で支持されている理由の一つは、上田吉次郎《うえだきちじろう》や左卜全《ひだりぼくぜん》など、一目瞭然の個性的な俳優を多用しているため、欧米の観客にも役柄を見分けられるのだ。『Love Letter』は二役と同姓同名で、それが一層わかりにくくなってしまった。

　その『Love Letter』が、アジアでは大きな成功を収めている。

テリーは韓国の「人気者」

日本のマンガはアジアだけでなく、欧米でも人気がある。日本マンガの単行本だけでなく、マンガ雑誌も多くのアジアの国々で地元の言語に翻訳された発行されていたが、アメリカ版『少年ジャンプ』が二〇〇二年十二月から月刊で発行されている。日本文化の輸入を禁止していた韓国では、日本マンガは日本で作られたことを隠して、韓国国内で日本的な描写を修正して発行されてきた。

『キャンディ・キャンディ』（作：水木杏子《みずききょうこ》原作、画：いがらしゆみこ）は大きな人気を博した。そのアニメーションが人気に拍車をかけたが、スタッフの日本名は隠されていた。キャンディが自分のヒーローのことを「あなたは私のテリーよ」と呼んだように、若い女の子が自分のヒーローや、白馬の王子様のような人物や人気男性アイドルのことを「テリー」と呼ぶことが、韓国では定着した。韓国の有名なサッカー選手がJリーグ入りした時、新聞に「日本のテリーになった」という見出しが躍ったという。そのくらい『キャンディ・キャンディ』はインパクトを与えた。しかしいまもって『キャンディ・キャンディ』が日本の作品であることを知らない人が少なくない。

『キャンディ・キャンディ』の人気は韓国に限ったことではない。一九九七年三月に香港で

「『キャンディ・キャンディ』原画展」が開催された。原画展終了後、佐川急便がいがらしゆみこの自宅に原画を運送中に、原画のうちの一枚を真っ二つに破いてしまった。この事件は裁判に発展し、出廷した鑑定人が破損した原画の価値を五〇〇〇万円と評価し、賠償金五〇〇〇万円の支払いをめぐって争いになった。

韓国では、コミックは貸し本屋が中心なので、全体的に販売部数が少なく、一〇万部を超すと大ヒットになる。そういう中で発売された『ドラゴンボール』は二五〇万部も売れたという。最近では、二〇〇四年のカンヌ映画祭でグランプリを獲得した韓国映画『オールド・ボーイ』（パク・チャヌク監督　二〇〇三）も、日本のコミック『オールド・ボーイ』（作：土屋《つちや》ガロン　画：嶺岸信明《みねぎしのぶあき》）を原作にしている。

世界ではいちばん有名な日本人、鳥山明

二〇〇二年にスウェーデンのストックホルムを訪れたとき、書店を巡って、どういう日本の漫画が翻訳されて売られているかを調べたことがある。驚いたことに、スウェーデン語の漫画本はなく、欧米の書店同様に一般書店では漫画を置いていなかった。そんな中で一般書店に置かれていた唯一の漫画が、それも平積みにされていたスウェーデン語の漫画本が、

『ドラゴンボール』（作：鳥山《とりやま》 明《あきら》）だった。

漫画専門店は、アニメーションのDVD、そしてフィギアも売っている。漫画専門店に行くと、スウェーデンの人は英語を使えるので、英語に翻訳された『AKIRA』（作：大友克洋）などの日本の漫画があり、ストリート漫画の描き方の本もたくさんあったし、またアメリカのコミックもあった。そこでもスウェーデン語の漫画は『ドラゴンボール』だけだった。

この話を在仏日本大使館の人にしたところ、こういった話をしてくれた。知名度が高い日本人は誰なのかを日本大使館で調査したところ、フランスで最も知名度の高い日本人は、鳥山明だった。この話を財界の人たちに話す機会があったが、その時、誰一人、鳥山明の名前を知らなかった。

日本人が知らない日本人が、海外では最も有名な日本人なのだ。

漫画はストーリーラインの宝庫

アメリカン・コミックの略称のアメコミという言葉で、日本の漫画と区別するほど、日本の漫画の表現方法と、欧米のコミックとは異なっている。ハリウッド映画ファンであった手塚治虫が、ハリウッド映画の手法を学んで作り上げたと言われる「ストーリー漫画」と呼ばれるものが、日本の漫画の主要な表現方法となった。展開が速く、視覚的変化に富んだストーリー漫画の表現形式はアジアにも受け入れられ、アジアの多くの漫画はストーリー漫画の手法で描かれるようになっており、欧米でもストーリー漫画の手法で描く漫画家が増えつつある。

手塚という才能を得た日本の漫画界は優秀な人材を引きつけ、優れた漫画を量産し、それを原作としたアニメーションが量産可能となり、膨大な蓄積がなされてきた。想像さえできればどんなものでも作り出せる漫画やアニメーションの制約はイマジネーションだけで、多様な表現が保証されている。

しかしデジタル技術によって実写映画も、漫画やアニメーションと同じ表現の自由度を獲得しつつある。かつて実写映画は描きたくても描けない技術上あるいは費用面の制限が多かったため、実写化できないままの漫画やアニメーションがたくさん残されてきた。そういった作品は「見たこともないような表現」の宝庫であって、ストーリーや新しい表現が枯渇してしまった現在のハリウッドにとって、魅力的な宝の山である。

ジェームズ・キャメロン監督が、日本のアニメーションや漫画の再利用を始めるきっかけを作ったことは、既に述べたとおりだ。他にも例がある。ポール・バーホーベン監督の『ロボコップ』(一九八七)は、『8《エイト》マン』と特撮作品『宇宙刑事』シリーズに想を得ているという指摘が多い。

ハリウッドはストーリーの吸入装置のようなもので、ヒットしたミュージカル、ヒットした演劇、ヒットした小説、そして歴史的な事件などを世界から集めてきて、わかりやすくアレンジして、文化性や地域性をなくして、アウトプットしていくというパターンを繰り返している。いま、そういう資源として、日本の漫画やアニメーションも組み込まれつつある。

模倣の天才

ハリウッド方式の典型をスティーヴン・スピルバーグに見ることができる。「八人の侍」の『プライベート・ライアン』、「七人の町医者」+『赤ひげ』(監督:黒澤明　一九六五)の『ER(緊急救命室)』などをはじめとして、見事なまでに優れたものを抽出し、自家《じか》薬籠《やくろう》中のものとしてしまう。また彼の映画会社ドリームワークスも凄い。

『アルマゲドン』(監督:マイケル・ベイ　一九九八)のような、宇宙からの落下物が地球にぶつかるというストーリーの大作が準備されていて、ヒットしそうだとわかると、『ディープ・インパクト』（監督：ミミ・レダー　一九九八）を作る。『バグズ・ライフ』のような昆虫が主人公のフルCG映画が当たりそうだとなると、『アンツ』（監督：エリック・ダーネル、ティム・ジョンソン　一九九八）を作る。『シン・レッド・ライン』（監督：テレンス・マリック　一九九八）のようにリアルに戦争を描いて話題になりそうだとなると、『プライベート・ライアン』を作る。ドリームワークスの作品ではないが、スタンリー・キューブリック監督が『Aryan Papers』というホロコーストの映画を準備中とわかると、『シンドラーのリスト』（一九九三）を完成させてしまう。そしてキューブリックは、あまりにもテーマが似ているとして『Aryan Papers』の企画を放棄せざるをえなくなる。その『シンドラーのリスト』でアカデミー作品賞と監督賞を、『プライベート・ライアン』ではアカデミー監督賞を獲得する。そして、先行していた企画よりも素早く安く作って、数カ月も前に封切ってしまう。その結果、そのジャンルの客をごっそり先に奪ってしまう。

企画の開発費を抑えられる上に、他社が進めている企画の評判がマーケットリサーチとなって、手堅いビジネスが可能となるのだ。最新のデジタル技術と職人芸で、制作時間を短縮し、見た目にはまったく異なる作品に仕上げる。重要なのはストーリーラインなのだ。

しかし、こういったやり方はなにもスピルバーグだけがやっているのではない。香港映画では、台本を印刷すると、ストーリーが盗まれる危険性があるとして、いまでも口立てで演出を行う。ハリウッドだけでなく、エンターテインメントとはそういうものなのだ。ハリウッドはそれを世界規模でやってしまう。

一方で、ハリウッドでは、模倣させない防御装置がある。

シナリオライターの団体であるライターズ・ギルドでは、ストーリーを登録できる制度がある。登録日時がすべてを決めていて、裁判ではその登録記録が最も重要な証拠となる。そのため、登録するまではハリウッドのシナリオライターは、ストーリーを他言しない。プロデューサーにシナリオを売り込むために、直接シナリオを送りつけるということも、この制度があるために可能なのだ。

しかし、この制度を利用しない、あるいは利用できない海外のストーリーは、裁判に持ち込んでも負けてしまう可能性が高いので、泣き寝入りすることになり、またそれを知っていて、海外のストーリーラインを利用するのである。しかし、そういったことも、海外の作家たちが権利意識に目覚めつつあるため、今後は難しくなるだろう。

一九九九年に、『中央公論』の編集部からマイクロソフト社の解説記事を頼まれた。しかし、「緊急性を要するテーマはアニメーションの未来だ」と言うと、「おもしろそうだ」ということで、そちらのほうを書かせてもらうことになった。

私が感じていた危機感について書いた。日本のアニメーションは作品として優れたものが多く、海外でも人気があるが、デジタル化や人材育成、制度的な整備を怠ると、アメリカなどの諸外国の急追によって「第二の浮世絵」になるだろう。浮世絵が印象派の誕生を促し、西洋絵画の復活に寄与したものの、日本国内では衰退してしまったように、日本のアニメーションも同じ運命をたどりかねないという思いを込めて、「アニメは第二の浮世絵か」という題名にした。

しかし、海外で日本のアニメーションがそんなに人気があることを知らなかった編集者は、その事実に興味を持ち、それを強調した内容に変えてほしいと頼まれた。しかたなく書き換えたものに編集者がつけた題名が、「日本アニメーション興国論」だった。

日本のアニメーションには失われた一〇年はなかったけれども、ここで戦略をしっかりと立てないと、今後は失われた一〇年になりかねないという懸念から付けた題名が、「失われない一〇年」のみが強調される結果となって、私の意図とは真逆になった上に、大仰《おおぎょう》な題名に気恥ずかしい思いをした。

　これは貴重な経験となった。欧米の情勢に深く通じている優秀な編集者でさえも、自国の文化に無頓着であることを知ったのである。模倣されるのは魅力があるからだ。模倣されるということは国際競争力がある証拠である。故に模倣されているものを知る必要があり、また模倣されているが故に守る必要もあるのだ。

第二章　模倣される生活様式

死語となった「生魚が食べられますか」

スウェーデンの首都ストックホルムのコンビニに入ったら、鮨のパックがあったので驚いたと、ニューヨークのジャパン・ソサエティーのスタッフに話したら、バカにされた。そんなことは当然で、マンハッタンのサンドイッチや総菜を置いているデリには、必ずと言っていいほど、鮨が置いてあるという。日本酒の利き酒ができるバーもあるという。たしかに、つい最近まで、外国人を食事に招待するとき、「生魚が食べられますか」と必ず確認していたものだが、最近ではそういうこともなくなった。

『フード業界情報　U．S．A．』によると、アメリカにある日本レストランは二〇〇三年には八〇九九店あったということだ。一九九二年に三〇五一軒であったため、一〇年あまりで二・五倍以上になっており、毎年一〇％以上伸びている。カリフォルニアが最も多く、三分の一にあたる二六二四軒ある。

また、「The World-Wide Sushi Restaurant Reference」（http://sushiref.com/）のデータベースには、二〇〇五年の年頭で、二〇五八の米国内の寿司レストラン数が掲載されていた。しかし、アメリカの「スシ・レストラン」は、寿司だけでなく天ぷらそばやカツ丼、ビーフ照り焼きなどもメニューに入っていて、日本の寿司屋とは異なる。

■アメリカにおける日本レストラン軒数の推移■

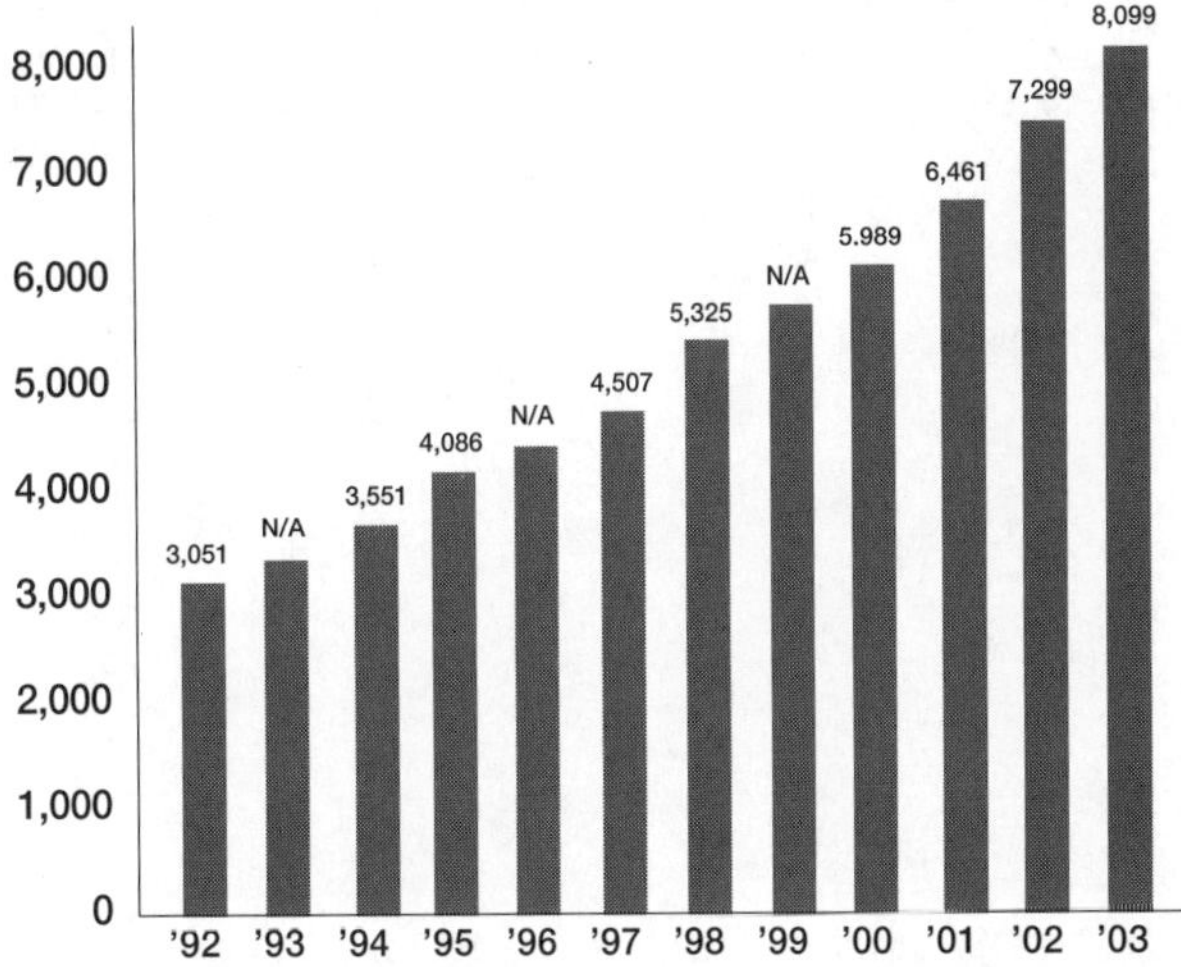

日本には、二〇〇三年に、スパゲッティハウス、ピッツァリアも加えれば、イタリア料理店が七〇〇〇店に達し、フランス料理店の数を上回っているという報告（http://www.ice-tokyo.or.jp/investment/ijbg16.html）もある。

ちなみに総務省の「事業所・企業統計調査」によると、二〇〇一年の全国の日本料理店は四万二一六九店あり、西洋料理店の事業所数は三万四〇七店であった。そういったデータと比較すると、約八〇〇〇というのは、アメリカの人口が日本に二倍としても、少なくない数字だ。アメリカで日本料理は着実に根付いていると言っていいだろう。

料理の鉄人

日本食は、逆輸入のケースもある。ロバート・デ・ニーロが共同経営者に名を連ね、ニューヨーク、ビバリー・ヒルズ、東京などにチェーン店を展開する高級和食ダイニング「NOBU」が出てきている。一九九四年の「NOBU」の開店とともに総料理長に就任していたのが、森本正治《もりもとまさはる》である。森本は、一九九三年から一九九九年までフジテレビで放映された一対一で料理人を対決させる料理格闘番組『料理の鉄人』で、一九九八年から三代目「和の鉄人」に選ばれている。

『料理の鉄人』はアメリカでもCATV「フードネットワーク」で日本語題名の直訳の『I《ア》ron《イアン》 Shef《シェフ》』という題名で放映され、高い人気を獲得している。このネットワークで最も高い視聴率の記録を持ち、一九九八年、テレビ界のアカデミー賞と言われているエミー賞のポピュラー・アーツ部門にノミネートされたこともあった。日本では放送は終わっているが、アメリカでは繰り返し放映され、放映後に同じ料理を出すレストランが現れたり、キャラクター・グッズまで発売されている。

さらには、番組そのものではなく、番組の企画や形式を販売することを「フォーマットセールス」と言うが、アメリカの会社が『料理の鉄人』のフォーマットを買い、アメリカ版も製作されている。俳優の鹿賀丈史《かがたけし》が務めた司会は、『スター・トレック』のカーク艦長役のウィリアム・シャトナーになっている。

『料理の鉄人』のアメリカでの高い人気は、アメリカにおける日本料理への関心を高め、森本の知名度は極めて高く、二〇〇三年五月のシアトル・マリナーズの始球式で投球したほどである。

日本の調理法を取り入れるフランス料理

健康志向のため「ノー・モア・バター、ノー・モア・オイル」と脂質をできるだけ減らそうとしているのが、昨今の料理事情である。先進諸国ではホームレスが糖尿病になる時代なのだ。調理の過程であえて油を加えなくても、脂質は食材にもともと含まれるものを自然に取り込めば栄養学的に十分であると言われている。たぶん、世界中の主な料理の中で油分をまったく使わないで調理できるのは、日本料理だけなのではないだろうか。

かつては生物《なまもの》を食べることは野蛮だと言われていたが、最もヘルシーで、素材を生かすことこそ料理の最善の方法であるという、日本料理の考え方が、他の料理にも受け入れられるようになっている。影響はあまりに広くいきわたり、いろんな形で取り入れられ、うまくハイブリッド化しているため、日本の影響を特定化できないくらいだ。

たとえば、フランス料理。フランスは海外の優れたものを積極的に取り入れるだけでなく、自国のものに同化させてしまうことに長《た》けている。フランス料理は、オイルを使わない調理法、繊細な飾りつけ、多様な器の使用、大皿に盛りつけるのではなく、一品ずつ適度な量で盛りつけ、順に供するサーブ法など、日本料理のヘルシーさだけではなく、スタイリッシュな面も取り入れた。

さらには、中国料理のように、素材を加熱することで、世界中に広まったフランス料理に、日本の刺身のように、生に近い形で調理した魚や肉の料理が供されるようになっている。ヌーベル・キュイジーヌと言われているニュー・スタイルのフランス料理は、フランス料理のイメージに革命を起こし、フランス料理を活性化させたが、日本料理の影響が見てとれ、日本料理の変形かと思わせるくらいのときもある。

客を低く見て失敗することはない

一九九〇年の初頭、仕事でインドとパキスタンを三カ月かけて回ったとき、日本人がめったに来ないだろうというところまで行ったが、それでも中国料理店があったことには驚かされた。日本人の妻をもらい、中華料理を食べることが白人男性の理想だと、昔聞かされたことがあるが、後者はその普遍性からあながち嘘でもないかなと思ったものだ。

しかし、いまや中華料理よりも世界中に普及したのは、アメリカ発のファーストフードだ。丸かじりでき、食べる行儀作法もなければ、歩きながらでも、仕事をしながらでも、映画を見ながらでも、どこでも食べられる。そのカジュアルさ、手軽さが、世界中の若者や子どもに支持された。また、それは「自由の国」アメリカを感じる食べ物であった。アメリカのTVアニメーション『ポパイ』に登場するウインピーがいつもハンバーガーを食べていて、日本ではそれでハンバーガーなるものを知った人も少なくないはずだ。

アメリカ人はシステム化の天才で、ハンバーガー、ホットドッグ、フライドチキン、タコスなどを列挙するとわかるように、これらの食品には普及させるための共通点がある。手で直《じか》に食べ、食器が必要でないため、食器の洗浄がいらない。手で直に掴《つか》ませるため、熱くしない。そのため早く食べられ、テークアウトもでき、客の回転が速くなる。いかなる文化でも食事では手を使うため、グローバリゼーションの戦略を含んでいる。相手に何の修練も期待しないという考え方は、アメリカのグローバリゼーションの根幹だ。ハリウッドでは、「客を低く見て失敗することはない」と言われてきたが、それと同じだ。多民族国家ゆえに、生まれたビジネスの知恵なのだろう。

箸よ、お前もか

伝統的な日本料理は、箸を使ったり、熱い汁を供されるなど、ファーストフード的な料理の対極にあり、敷居が高く、国際的になかなか普及しないと言われてきた。最も代表的なファーストフードであった立ち食いそばにしても、熱いので早く食べられないし、テークアウトもできない。もちろん例外もあり、鮨やおにぎり、餅といった、手で持って食べるものがなかったわけではないが、最近になるまで他の米食文化圏にも広がらなかったし、広がるとも考えていなかったふしもある。

しかし、最近では鮨だけではなく、牛丼やラーメンといった箸を使うものまで広まりつつある。金沢のラーメンチェーン店「8番ラーメン」は、そこのラーメンを食べたタイの人からタイに出店するように依頼を受け、出店したとたん火がついたような人気となって、タイをはじめとして海外に五〇店舗ほど展開し成功を収めている。タイは箸を使う文化圏だが、それ以外の欧米にも広がりつつある。

最近では外国人でも、麺を箸でスパゲティーのように巻いて食べる姿は減ってきたし、フォークを使わなくとも器用に箸を使える人が増えてきた。われわれが培ってきた箸の文化は、ただ使えるということだけでは収まらない。行儀作法として、肘《ひじ》をつかない、「迷い箸」「探り箸」「かき箸」「よせ箸」「突き箸」「横箸」「涙箸」「込み箸」「ねぶり箸」「移り箸」「たたき箸」「握り箸」など、やってはならないと言われることがたくさんある。たしかに、こういったことを注意すれば合理的かつ美しく食べられる。

箸は、切る、刺す、掴むなど、汁をすくうこと以外の料理を扱うすべての機能を果たすことができる。インドでは、それを右腕だけで果たすが、欧米では、機能ごとに道具が分かれている。箸は、それ一つですべてを果たすため、使いこなすのは修練が必要となってくる。欧米は機能ごとに道具を開発し、誰でもが簡単な訓練で、その機能を果たせるようにしているのに対し、日本では箸だけでなく、包丁も大工道具もそうで、少ない道具を、人間の技でしのいできた伝統がある。

タイの「8番ラーメン」

そのため、料理や食べ歩きのテレビ番組によく出演している、食通を自認している俳優が握り箸といった事態も起こる。

そんなことを気にするから敷居が高くなり、日本食が普遍的な料理になれないのかもしれない。食物を口に入れるという機能さえ果たせればどうでもいいのだろうか。海外の日本レストランでは、箸袋に箸の使い方が図示されているのを目にすることがあるが、そんなふうに単純化・マニュアル化して、箸にまつわる文化を捨ててしまえばいいのだろうか。

日本の文化に造詣が深い作家・劇作家、山崎正和《やまざきまさかず》は言う。

「箸を使いこなすことはやや努力を要する伝統になりかけている。和服を着付けるとことになると伝統化の程度は一段と高まり、それを着こなして終日を暮らすことはほぼ完全な伝統的行為だといるだろう」(『社交する人間』中央公論新社　二〇〇三)

箸も和服と同じ伝統的行為になるのだろうか。

技としての立ち居振る舞い

『宮本武蔵』第一部(一九六一)の製作が決まったばかりのころ、スタッフの顔合わせのために、京都の料亭に一席が設けられた。そのときの様子を、監督の内田吐夢《うちだとむ》はシナリオライターの鈴木尚之《すずきなおゆき》にこう語った。
「錦ちゃんの奴、部屋へはいってくるとすっと床の間ににじりよって掛軸を正座して鑑賞するんだ。こういうことが身についた役者は、そんなに沢山いるもんじゃない」（鈴木尚之『私説内田吐夢伝』岩波現代文庫　二〇〇〇）
「錦ちゃん」とは主演の中村《なかむら》（萬屋《よろずや》）錦之助《きんのすけ》で、梨園の出の錦之助にとって自然な立ち居振る舞いだった。内田吐夢をとりこにした立ち居振る舞いに至る梨園の修行が並大抵のことではなかったことは、谷崎《たにざき》潤一郎《じゅんいちろう》の次のような信じられないような記述からも知ることができる。一九三三年に発表した随筆『藝談』からの引用である。
「昔の藝道の稽古は全く幼児虐待にも等しい残酷なものであったらしい。（略）団十郎の養父は実家の人に答えて、『耐え切れないで死んでしまうかも知れないが、もし生きていたら素晴らしい役者になるでしょう』といっているから、打ち殺してもいい覚悟で仕込んだ訳だ」（『陰翳礼賛　東京をおもう』中公クラシックス　二〇〇二）
そして谷崎は、そういった虐待にも等しい稽古を肯定しているかのように、こう言うのである。
「中年から芝居道に入った者と、頑是ない歳頃から踊りや三味線や浄瑠璃などで叩き込ま

れた人々とは、黙って舞台に立たせただけでも何処か違う」（前掲書）

錦之助が「幼児虐待にも等しい残酷」な稽古を受けたのかどうかは知らないが、歌舞伎の名門「播磨屋」三世中村時蔵《ときぞう》の四男として生まれ、四歳で初舞台を踏んでいる。一九五三年、歌舞伎座の公演で美空ひばり母子の目にとまり、彼女の所属する新芸プロから声がかかり、映画界に転身する。

六世中村歌右衛門《うたえもん》が言うところによれば、「歌舞伎は基礎を身につけるだけで二〇年位はかかります」（『歌右衛門の六十年』岩波新書　一九八六）。新しい世界を求めた錦之助ではあったが、長い時間をかけ、手をかけた成果に、家族も顧《かえり》みず破滅的な生活を送っていた内田吐夢さえも惹《ひ》かれてしまう。

社会の美しさは、その社会を構成している人の美しさで決定される。美は多元的で多様で、その街がどれだけ文化財を抱えているかや、美術館に収蔵している文化財の評価額の総計で、街の美しさが決まるわけではない。

いま、周りを見回すと、若者が箸を握り、道端でしゃがみ込んでコンビニ弁当をかき込んでいる。

コンビニ弁当の元祖、TVディナー

手軽なアメリカの食事でもアメリカの外へは出なかったものもある。『キャリー』や『シャイニング』など、恐怖小説で知られるスティーヴン・キングの小説『スタンド・バイ・ミー』（山田順子訳　新潮文庫　一九八七）に、「TVトレー」という聞きなれない言葉が出てくる。

「父親の椅子の横にあるTVトレーにのったワンダー・ブレッドのかたまりからパンを一片むしり取り、ケチャップを塗る。」

「TVトレー」という言葉は英和辞典には出ていないが、「TVディナー」ならば載っている。調理済みの材料をアルミ箔の皿に乗せて、包装、急速冷凍した食品で、温めるだけで食べられる。要するに、アルミの皿に入った冷凍インスタント食品である。TVトレーというのは、TVディナーを載せたトレーのことなのだろう。もともとは一九五四年に、テレビを見ながらでも簡単に調理できる料理という意味で作られた商標だったが、後にそれが、一般名詞になるくらい普及した。

一九五四年にTVディナーという商標は、テレビブームに便乗したものだった。日本でテレビの本放送が始まった年だった。テレビ番組を見ることは、まだ非日常的な行為であった。

その特別で大事なテレビ番組の視聴を中断しないための食事がＴＶディナーだった。一九六〇年公開の『アパートの鍵貸します』（監督：ビリー・ワイルダー）では、アパートに戻ってきたジャック・レモンがＴＶディナーを温めて、テレビ番組を見ながら食べる場面がある。

テレビ受像機が日常的な風景になり、テレビ番組の視聴が気楽な暇つぶしとなると、ＴＶディナーの意味も変わってしまった。ＴＶという名称で商品のイメージが変わった。できるだけ手を抜いて、いいかげんなことで済まそうとする食事という嘲《あざけ》りの意味にとられるようになった。

日本では冷凍装置の普及が遅れていたことや、解凍のためのオーブンすらも普及していなかったこともあって、上陸しなかったのではないだろうか。しかし、いまや日本型ＴＶディナー、コンビニ弁当がどこでも手に入れることができる。

スローフード

日本中の目抜き通りは、アメリカのファーストフードとコーヒーショップに占領されてしまうのではないかと思う時期さえあったが、コンビニ弁当などコンビニで提供される食事の反撃に遭《あ》い、これまでの勢いはない。しかし海外ではあまりに急速な普及によって、自国の食文化の侵略者と見なされることも多く、時にはテロの対象にさえなる。こういったファーストフードに対抗して、スローフードが提唱されている。その経緯はこうだ。

一九八六年、イタリア北部、ピエモンテ州の小さな町ブラで、イタリア余暇文化協会（A《ア》R《ル》C《チ》I）という団体の中に、美食の会「アルチ・ゴーラ」が作られた。同じ年、首都ローマにマクドナルドのイタリア第一号店が開店し、アルチ・ゴーラの会合でも、そのことが話題となった。メンバーの一人がファーストフードから連想して「スローフード」とつぶやいたことからこの言葉は生まれた。「スローフード」の賛同者がイタリアを中心に増え、一九八九年、パリで開かれた初めての総会で「スローフード宣言」が採択され、それにともない会の名称も「スローフード協会」となった。

「ニッポン東京スローフード協会」によると、スローフードの基本的な考えは三つある。第一は「消えつつある郷土料理や質の高い小生産の食品を守ること」、第二は「質の高い素材を提供してくれる小生産者を守っていくこと」、第三は「子どもたちを含めた消費者全体に、味の教育を進めていくこと」。

スローフードが、ただファーストフードへの反動ではなく、食のあり方を正そうとする運動であることはわかるし、食の世界にあっても大手を振るう、大量生産・大量消費・大量廃棄という消費社会の論理を修正したいというものでもあろう。山崎正和は、『柔らかい個人主義の誕生』（中公文庫　一九八七）で、次のように述べている。

「『多品種少量生産』というのが時代の合言葉になりつつある。ということは、ひとびとにとって一方的に強制される情報の比重が減り、その分だけ、顔の見える隣人との対話、すなわち、社交の生みだす情報の重みが増す、ということを意味しているはずである。」

新しい社会の予兆として「顔の見えない大衆社会」から「顔の見える大衆社会」への移行を指摘し、「より柔らかで、小規模な単位からなる組織の台頭」と結論づけている。

スローフードは、生産者の顔が見え、料理する者の顔が見え、食べる物の顔が見える「小規模な単位からなる組織」である。

与えられた食材ではなく、誰が手がけた食材なのかということさえも吟味するようになり、出荷元の地域を示すだけでなく、名前を明示し、時には顔写真までついている。まさに「顔の見える」食材となっている。輸入食材でも、それは可能なのか。スローフードは、山崎が予兆と言ったものが食で形になったものであるが、大量生産に移行するまでは、そうであったものが元にもどろうとしているだけである。

身土不二

わかりやすいネーミングでスローフード運動は、それこそスローでありながらも着実に支持を増やしている。しかしわかりにくいネーミングながらも、日本には同じ思想の食の運動があった。その思想とは「身土不二」である。

「身土不二」は「しんどふじ」と読み、仏教界では「しんどふに」と読む。一三〇五年に中国の普度法師《ふどほうし》が編《あ》んだ仏教書『廬山蓮宗寶鑑《ろざんれんしゆうほうかん》』の中で使われたのが、最初だと言われている。直訳すると「身体（身）は環境（土）と無縁ではない（不二）」ということか。ものの本によると、人間の身体はその人が住んでいる風土とは切り離せないということを意味し、具体的な実践として、三里四方あるいは四里四方の近隣で育ったものを食べることを指す。明治三十年代に起こった「食養道運動」のスローガンとして使われ、健康増進や病気治療など、食を通じて行なう思想や信条の一つとして普及したそうだ。

この考え方は、人間を環境全体の一つの要素と見て、食を環境とバランスをとるための重要な行為としてとらえている。土地と季節にあったものを食べることで、その地の気候風土に適応するのだ。身体は環境と無縁であるはずもなく、まさに「身土不二」だ。近年、三重県や岩手県が推進している「地産地消」、地域で生産されたものは地元で消費するということにも通じる。身土不二の顔の見えた生産と消費であれば、狂牛病問題などもなかったはずだ。自国の検査にはねられた農産物や酒や、防腐剤だらけのものが入ってきても、確認のしようがない。食の安全保障には食糧自給率の数値だけでなく質も含まれる。

身土不二の思想は食だけでなく、衣食住そして文化にまで及ぶ。九・一一のテロの事件後、風土への軽視を諫《いさ》める身土不二の思想はますます重みを増しているように思う。

明治時代の身土不二運動から一〇〇年以上も経過して、韓国でも身土不二運動が起こった。そのことを村田泰夫《むらたやすお》(http://be.asahi.com/20041127/W21/0001.html) が詳しく紹介している。一九八九年八月、ウルグアイ・ラウンドの農産物自由化に反対した農民の一人が、ソウルの農協ビルに、ハングルではなく漢字で「身土不二」と書いた巨大な垂れ幕をかけた。見慣れない漢字が関心を呼び、新聞、テレビがこぞって報道したため、身土不二の意味と、運動の狙いが国民に浸透した。その結果、「身土不二」という歌謡曲も現われ、ヒットしたという。韓国の国語辞書には「身土不二」という言葉が載っていて、「その時その地で採れた食物を食べるのが健康によい。国産農産物愛用運動を展開する農協が標語に使った」とある。辞書に載せるように出版社に働きかけたのは農協の関係者だという。

スローフードも、地産地消も、身土不二も、グローバリゼーションの対極にある。グローバルゼーションといっても概念でしかなく、口に入れるものは具体的な現実で、個人では食のグローバリゼーションの実際を監視することはできない。

憧れに近づくためのアプローチ

ファッションが国内だけで閉じているということはないが、ファッションの情報の流れはいつも一方的で、西洋、特にフランスからであった。ファッションは近代消費社会の最優等生で、商品としての寿命は短く、機能には何の支障もなくても次から次に消費させる消費社会のモデルとなった。流行を国際的に生み出し、前の最先端を次から次に時代遅れにして、新しいものを買わせる。

しかし、国際的な流行を作り出すには、同じウェイ・オブ・ライフを共有したいと思わせなければならない。衣服は生活様式に規定されているため、西洋式の生活様式を享受したいと思っているところや人にしか流行は及ばない。イスラム教世界にパリ・モードなどは関係がない。しかしながら、享受したいという思いがあればいいだけで、現実に西洋式の生活様式で暮らしている必要はない。生活様式に対するあこがれでもいいし、羨望ならなおのこと望ましい。

その意味から、南谷えり子と井伊あかりが示したファッションの定義、「なりたい自分に近づくためのもの」(『東京・パリ・ニューヨーク　ファッション都市論』(平凡社新書　二〇〇四)は、ファッションの本質をうまくとらえている。人は、あこがれや羨望、時には劣等感によって、なれないものになろうとするための手段がファッションだ。バスケットボール選手に憧れる人たちは好きな選手を真似し、ミュージシャンになりたかった人はミュージシャンのような格好をする。俳優になりたかった人は自分を重ね合わせている俳優にそっくりに着こなす。ファッションとは自分が憧憬しているものへ近づくためのアプローチなのだ。

いまでは少し変わってきたが、ファッションの情報の流れが一方的にヨーロッパからあり、昭和初期のモボ・モガに代表されるように、日本のファッションがいつも宿していたものは、西洋へのあこがれだった。そして、それはけっして達成されることのないあこがれだった。それはピノキオや鉄腕アトムが人間になりたいというのと同じように、ピノキオのような奇跡以外では、絶対に達成されない望みであったため、あこがれは継承され続け、そしてあこがれに近づくためのファッションは、下火になることはなく、一層燃えさかることになる。ファッションを生み出すか、ファッションを超越しないかぎり、ファッションを追いかける消費者であり続ける。

　このことは、ビジネスでよく聞くこういう話と似ていなくもない。「はげ」「でぶ」「英語」に関するビジネスは、どんな時代でもすたれることはない。なぜならば、「はげ」「でぶ」「英語」の三つは人間の劣等感に裏打ちされていて、それを改善するための明快な解法がないからだ。

女のきもの

　あこがれは常に欧米に設定され、日本では追いかけるだけのファッションに終始していたが、それでも海外から日本の服が褒《ほ》められるということがないわけではなかった。

　小泉八雲ことラフカディオ・ハーンの妻、節子は夫のことを次のように回想している。

「日本人の洋服姿は好きませんでした。殊《こと》に女の方の洋服姿と、英語は心痛いと申しました。」（『小泉八雲　回想と研究』　講談社学術文庫　一九九二）

　小泉八雲は、いつも学校から帰ると、洋服を脱ぎ捨て、浴衣《ゆかた》でくつろぐことを楽しみにしていた。彼はとくにかしこまった洋服が嫌いだった。

「ある時、冗談に『あなたは日本のことを大変よく書きましたから、天使様（天皇陛下）、あなた褒めるためお呼びです。天使様に参る時、あのシルクハット、フロックコートです

よ』と申しますと、『それでは真平御免』と申しました。」（前掲書）
外国人の男性は、妻がきものを着ているのが好きなようで、画家バルテュスもそうだったらしく、妻の節子・クロソフカ・ド・ローラは、夫の考えをこう記している。
「日本人はどうして自国にある素晴らしい衣服を大切にし、日々の生活に活用しないのか。（略）ほかの人種に比べ、日本人は頭の部分が大きく、横から見るとひらがなの『し』の字型の、直線的な体型をもっています。きものはこの凹凸のない体を美しく見せ、大きな顔の体型に一番調和している。」（『見る美　聞く美　思う美』祥伝社　二〇〇四）
日本人が、似合うとか、姿が美しいとこぞって言われるのはきものしかない。それは女性だけでないようで、「私は日本の男性の和服姿が好きです」（マーガレット・プライス『マーガレットの神楽坂《かぐらざか》日記』淡交社　一九九五）という日本在住の外国人女性もいる。『悪魔のようなあなた』（監督：ジュリアン・デュヴィヴィエ　一九六七）では、主役のアラン・ドロンが着ていたきものが、家紋から日本で盗まれた形見の紋付であることが判明し、騒動になったことがある。盗まれた紋付きが海を渡り、映画に写し撮られていたのだ。
バルテュスが言うように民族服は、それぞれの民族の美しさや気候風土に合うように作られている。フランスに行った際に、私はフランス人にこう尋ねたことがある。「日本をはじめアジアの国では普段着は洋装になっていても、祭の時には民族衣装を身に着けます。フランスではどういう民族衣装を着るのですか」。フランス人は怪訝《けげん》な顔をしてしばらく答えられなかった。そして、「フランスの男性の民族衣装はスーツだからスーツを着ます」という答えが返ってきた。

ということは、われわれはフランスの民族衣装、民族服を着ているわけで、その不思議さは、逆の場合を想像すれば、よくわかる。もしフランス人全員が、日本の民族衣装、きものを着ていたらどう思うだろうか。似合わないいきものを着た外国人に対して優越感を抱くのは当たり前のことで、その逆がいまの現状なのだ。

省エネスーツ

日本における洋装は、明治維新に来日した外国人からさんざん似合わないと揶揄《やゆ》されたが、そのおかしさが戦後になって、あぶりだされることもあった。

第二次石油ショックの一九七九年、大平正芳《おおひらまさよし》総理のとき、省エネ政策の一環として、半袖開襟の「省エネスーツ」が推奨された。一人ひとりのできる服装からエネルギー問題に取り組もう、まずはやれることからやろうということで、正しい政策だったと思う。ネクタイは、ヨーロッパの兵士が防寒のために首に巻いた布から発展してできたという説もあるくらいで、地球温暖化で夏には亜熱帯のようになっている日本で、ネクタイを締めていること自体、不自然なことだ。スーツを着てネクタイを締めて、クーラーを入れた中で仕事をし、またそういった姿で、えんえんと環境問題を議論しているよりは、「省エネスーツ」を着るほうがまっとうだ。

しかし、まったく普及しなかった。「ダサイ」とか「格好が悪い」とか、さんざん悪口を投げつけられ、ジョークのネタになっただけで、瞬《また》く間に消えてしまった。この試みは、一度でくじけてしまい、その後の挑戦が行なわれることはなかった。いまでは購入したくとも買えるところはないはずだ。

失敗の最大の理由は、暑さ寒さをしのぐために服を着ているわけではないということだ。人間は生存や、裸でいることを避けるためだけに服を着るのではない。生存のためではなく、おしゃれのためにも服を着ている。先進諸国では、おしゃれこそが優先されていると言っていいだろう。そのため、西洋がデザインの主権を握っているスーツに日本人が大幅に手を入れ、それを行政主導のトップダウンで普及させようとしたところに失敗の原因があった。そんなにいいものなら、まずは「隗《かい》より始めよ」で、政治家や官僚が率先して着るべきだった。

ツーさんのきもの

東京の神楽坂界隈には私を含めて、普段着をきもので通している人が少なくない。きもの好きが集まってきているのか、神楽坂の土地柄がそうさせるのかわからないが、外国人でも、何人かそういった方がいる。その一人、マーガレット・プライスさんの『マーガレットの神楽坂日記』には、次のような下りがある。

「この間、通産省の人とお酒をくみかわす機会があり、ずいぶん思いきったことをいってしまいました。世界中にその名も高いＭＩＴＩのエリートに『ほんとうにきもの産業の復活を考えるんだったら、あなたご自身がきものをお召《め》しになったら？』と提案したのです。

日本のツムギ振興策について、ガイジンはどう考えるか、とツーさんは聞くのですが、なんでガイジンなんでしょうかね（「ツーさん」とは、通産省の人を芸者さん風に呼ばせていただいたものです）。まあ、私も、このところ、ひとりできものが着られるようになったこともあり、きもの気分が高揚していますから、日本人にツムギを着せたかったから、ツーさんが率先してツムギをきたらどうか、まじめに答えたつもりです。実際、なかなかいいアイデアだと思いました。もともと私は日本の男性の和服姿が好きです。そのときも、ツーさんのツムギ姿を想像しながら、そういったのですが、私のまぶたの裏に思い浮かべたかっこうよさとは逆に、ツーさん自身は自分のツムギ姿をピエロみたいに想像したようです。『ハッハッハ、冗談でしょう。ツムギを着て出勤したら、役所じゅうで大笑いですよ、ハッハ』と、頬を引きつらせ、かわいた声で無理やり笑っていました。」

かりゆしウェア

「省エネスーツ」とまったく同じ思想から生まれ、ツーさんと同じ過《あやま》ちを犯さなかったのが、沖縄の「かりゆしウェア」だ。かりゆしウェアは半袖開襟のシャツで、「かりゆし」とは、沖縄の方言で「縁起がいい、おめでたい」という意味だ。かりゆしウェア誕生のきっかけはこうだ。一九七〇年頃、沖縄らしい衣服として、アロハシャツを元にした「沖縄シャツ」が提唱された。アロハシャツ自体が、ハワイの日系移民がプランテーションで働く作業服として、高度な仕立て技術を生かしてきたものをシャツに仕立て直したのが始まりである。アロハシャツは普及したが、沖縄シャツは普及に至らなかった。一九八〇年に入り、政府の省エネ政策に呼応して、再び沖縄シャツが見直されて出てきたが、このときも普及しなかった。

琉球は、日本政府のように簡単にはくじけない。一九九〇年、沖縄県は「めんそーれ沖縄県民運動推進協議会」の運動目標の一つとして、沖縄らしいウェアを推奨することにし、以後、県庁内や観光業界での着用奨励が始まり、一部で普及し始めたものの、県民に広く普及するには至らなかった。

一九九五年にも「普及着用キャンペーン」を打ち出し、「かりゆしウェア」に名称を統一する。名称は大事だ。そのときのかりゆしウェアの定義は、(1)沖縄の伝統絵柄をモチーフにしていること、(2)通気性があること、(3)開襟シャツであることであった。ただ、伝統を強調しすぎて、絣《かすり》やミンサーや紅型《びんがた》を使い、価格が高くなったため、やはり普及には至らなかった。

二〇〇〇年に行なわれた九州・沖縄サミットにおいて、各国首脳がかりゆしウェアを着用したことで知名度が向上したことに加え、サミット開催に合わせて、かりゆしウェアの定義を、沖縄で縫製されたもの、沖縄らしさを表現したものの二つにして、伝統のしばりを緩和したため、多彩な柄が開発され、価格も下がり、急速に普及が始まった。定着するまでに約三〇年間を要した。『ナビィの恋』(一九九九)で知られる沖縄在住の映画監督、中江裕司《なかえゆうじ》監督は、会う時はいつもかりゆしウェアを着ている。ファッションは、着ていることそのもの

左から、長袖のかりゆしウェア姿の中江裕司監督、著者、幾原邦彦監督

が広告塔となるため、沖縄の地域的枠組みを超えて、沖縄に伝わる芭蕉布《ばしょうふ》、琉球絣、久米島絣、八重山上布、宮古上布といった伝統的な柄をいかしたかりゆしウェアのファンが増えつつある。冬のために長袖のかりゆしウェアもある。

日本の正しい「省エネスーツ」は、開口部が大きく、空気の入れ換えができるきものであり、浴衣だ。ツーさんのように、きもの・浴衣に抵抗があるなら、かりゆしウェアに習い、地元特産の織物や独特の柄、染色技術を生かしたものを開発すればよい。地域の代表たる政治家は、化石燃料の消費を減らせる服を着ることで、自ら求めて範《はん》を示すべきだろう。地場産業のセールスマンたる知事が集まる毎年の知事会議が、お国自慢のファッションショーとなればいい。

プリーツプリーズ

建築デザインでは、安藤忠雄《あんどうただお》、磯崎新《いそざきあらた》、谷口吉郎《たにぐちよしろう》をはじめ、世界中の美術館の設計者として、日本人の名前を聞くことが多い。映画関係でも、フロリダにあるディズニー社の「ティーム・ディズニー・ビルディング」は磯崎新の手になるものだ。

ファッションでも、世界的に知られる日本人が多くいる。ハリウッドの映画人が来日するたびに、三宅一生《みやけいっせい》の直営店に行きたいと頼まれて、何度か連れていったことがあるし、山本《やまもと》耀司《ようじ》のファンだというハリウッドのプロデューサーのために、文化服装学院の小池千枝《こいけちえ》先生にお願いして、サインをもらっていただいたこともあった。こういった国際的に活躍している面々は、おのおのの分野で埋没することなく、いずれも新風となり、独自の存在感を持っている。私が唯一、この目でファッションショーを見たことがあるのは、三宅一生のショーだ。

三宅一生の作品としては、一九八九年に発表した「PLEATS PLEASE《プリーツプリーズ》」がよく知られ、いまに至るまで人気の高い商品となっている。国際的な人気の高さは、海賊版が出ているかどうかで判断できるが、プリーツプリーズはちゃんと海賊版が出ている。

プリーツプリーズは、これまでの洋服とは対極をなすものだった。洋服は、できるだけ人体のラインに合わせて布を裁《た》ち、それを縫い合わせて、着たり脱いだりできるようにボタンで留める。これを実現させるための立体裁断とボタンという技術革新は、日本にはなかったもので、立体裁断は、パリに留学して、それを学び取ってきた小池千枝先生が日本に広めた。ボタンは明治維新にペリー艦隊とともにもたらされた。『ペリー艦隊日本遠征記Ｖｏｌ・Ⅰ』（オフィス宮崎／翻訳・構成　栄光教育文化研究所　一九九七）には次のように書かれている。

「彼ら（日本人）は来訪者の衣服についているものをしきりに欲しがり、とくにボタンに執着した。何度もボタンをくれないかと頼み、この安価な贈り物をもらうとたちまち満足して、まるで宝物のようにしまい込んだ。彼らがボタンに執着し、その価値を高く評価したのは、ボタンが日本では希少な品だからだ。不思議なことに、この簡単で便利なボタンが、日本の服装品にはほとんど使用されておらず、紐とあれこれの帯が衣服を固定する唯一の方法なのである。」

プリーツプリーズは、立体裁断とボタンの二つを遠ざけた。

三宅一生の技芸

三宅は、立体裁断による西洋の体型を強調したシルエットではなく、直線裁断のような直線的でシンプルなシルエットにして、ボタンをできるかぎり減らした。布そのものが美しさを表現した。立体裁断とは、いくつもの型を縫い合わせて立体的に作りあげていく方法で、直線裁断とは、きもののように直線的に切り取って、布を縫い合わせるものである。

ボタンも洋服の産物で、きものとは無縁だ。きものは、長着、羽織、帯にいたるまで、すべて四角形の布地で作られている。

長く着るために、きものにはボタンのような、一切の消耗品はつけられていない。すべて紐で体に巻きつける。箸と同様、帯の結び方を習得するには、ある程度の時間を要するが、習得さえすれば、きものと帯のあらゆる組み合わせが可能となる。組み紐の老舗「道明《どうみょう》」の主人、道明新兵衛の『ひも』（学生社　一九六二）にあるように、多様な紐と、また多様な結び方で、日本人は紐をいつくしみ楽しんできた長い歴史がある。洋服で紐が残っているのは、靴ひもくらいだろうが、それも最近では減りつつある。

三宅一生は、それを自覚的にやった。三宅は言う。

「自分には西洋の服に関して過去がないのだ。前進するしか選択がないのだ。西洋文化が欠落していることが、普遍的なファッションをつくるのには、実は最大の武器だった。」
(川村由仁夜『パリの仕組み』日本経済新聞社　二〇〇四)

人間や組織は、得意な部分で失敗する。知っているという自負による過信や、知りすぎて逆に大事なものが目に入らず、失敗することが多い。努力を怠《おこた》っているのではなく、いくら努力をしても、力を注いでいる分野とは異なる分野のルールを知らなくては失敗する。三宅一生が「西洋の服に関して過去がない」わけがないではないか。三宅は、体に染みたきもののルールを洋服に適応したのだ。そのルールは、欧米のデザイナーからは出てこない。三宅は、日本の伝統工芸に深い愛を注いだ白洲正子《しらすまさこ》との交流があり、きものについて彼女から薫陶を受けた。三宅はこう言っている。

「白洲さんは、着物の伝統を現代につなぐため、すぐれた染物・織物作家を発掘し、世に送り出すことに勇気をもってとりくみ、大きな努力を払われた。私の服の原点のひとつにも着物と布地の美しさへの共鳴があり、『こうげい』でたくさんの美しいものを見せてもらったことも大きな糧になっている。」(三宅一生〝白洲さんを巻く〟／白洲正子・他『白洲正子　美の種まく人』新潮社　二〇〇二)

「こうげい」とは、白洲が銀座で持っていた、いまでいうセレクト・ショップのことである。

新しいきもの

女性のきものは、フォーマルな外出着という敷居の高い訪問着で固定されてしまい、本来あった気軽な部分が欠落して、手軽に着られる洋服に、普段着の地位を譲らざるを得なくなっている。デザインの革新も止まったままで、多くの女性は、着せ替え人形のように着つけてもらって、やっと着る機会を維持している。白洲正子は、伝統的工芸も博物館で眺めるのではなく、身銭を切って買い、実際に使わなければならないというのが口癖だったらしいが、きものは「実際に使う」からほど遠いものになり、特別なときに使う例外的なものになり下がっている。

きものの理念が基本が生かされた、立体裁断とボタンを使わず、布自体の美しさを生かしたプリーツプリーズこそが、新しいきものなのだ。作られた空間に体を入れる洋服でなく、体を包み、身体の変化に応《こた》えてくれる、きものそのものである。きものは、太っても、やせても、極端な場合を除けば適応できる。縫製をし直せば、着続けることができる。そういった、当然起きても不思議ではない身体の変化に対する適応性を、プリーツプリーズはきもののように持っている。

オートクチュールではないプリーツプリーズは、現在のきものが対象から外してしまった人々、それには外国人も含まれるのだが、そういった人々への、きものとしての解答だった。

三宅や他の日本のデザイナーが生み出した、緩やかに包み込むようなデザインは、ファッション全般に影響を与え、ぴったりしたものから、ゆったりした着心地の服へと大きな変貌を遂げた。それはデザインが目まぐるしく変わる女性のファッションだけでなく、変わらぬデザインを旨としていたトラッドにまで及んでいる。

ファッションは再生したのだ。ゆったりした着心地を味わってしまえば、もう窮屈な服には後戻りできない。きものの着心地のよさを、世界中の人が共有するようになったのである。

洋服は形見分けできるか

地球環境問題がどんなに騒がれても、洋服は多資源消費型商品であり続けている。できるだけ消費のサイクルを短くするために、次から次に流行を作り出す。新しかったファッションは、すぐに古びたものとなり、着られなくなる。ファッションは、これまで流行っていたファッションを古くさせる機能を内在している。

三宅一生の「スターバースト」は、そういったやり方に対する自省の、また反省を促す試みだった。着られなくなったジーンズやTシャツなどの古着を、金、銀、銅の箔《はく》でおおって再生した服である。

きものは流行に左右されない。布を直線裁断して、その四角いパーツをつなぎ合わせたものであるため、袖口が傷《いた》んでいたら、きものをほどき、左右を反転したりする。すり切れた部分を切り捨てて、縫い込んでいた部分を出して縫う。そうすれば、きものは新品と同じように生まれ変わる。いまの洋服が修理できないのに、きものは修理できるように作られているのである。それ故に、きものは「一生もの」どころか、三代保つと言われている。

きものは、色合いに飽きたら染め直し、裾が傷んだら長着を羽織にしたり、さらには子どものきもの、座布団のカバー、人形などに転じていく。日本料理でも同じ思想がある。日本料理では、食材に捨てるところはないと言われている。何ものも無駄にはしない。もし捨てるものがあるとしたら、調理法が悪いからだと言われることになる。

しかし再生できるという理由だけで、長く着られているわけではない。デザインが変わらないからこそ、長く着られるのである。小津安二郎《おずやすじろう》は言う。「変わらぬものこそ、新しい」と。

わたしも、父と義父の形見分けにきものをもらった。形見分けは、故人が使ったものを使うことによって、故人を偲《しの》び、ものを大事にするという、美しい習慣だ。欧米に形見分けという習慣があるかどうか知らないが、欧米で服を形見分けにすることはできないだろう。服そのものを分け与えることはできても、白洲正子が言う「実際に使う」ということができないからだ。身体の変化に合わせる工夫がなく、傷んだときに再生の方法が組み込まれていない洋服は、体型が同じで、保存状態がよくないと着られない。しかし着られるとしても、デザインが流行遅れになっていて着られないのだ。

再生を試みることで、服を長く大事に使うという価値観が込められたスターバーストも、やはり新しいいきものなのである。

三宅一生は言う。

「ファッショナブルな美というものをつくるつもりはない。生活様式に合ったスタイルをつくっている。」(川村由仁夜『パリの仕組み』)

シリコンバレーに好まれる日本文化

シリコンバレーの立志伝中の人物には、日本文化を愛する者が少なくない。世界で初めてビデオゲームをこの地上でビジネスにしたノーラン・ブッシュネルは囲碁《いご》が好きで、社名を

「アタリ（当たり）」とし、子会社を「センテ（先手）」と命名した。「パーソナル・コンピューターの父」アラン・ケイの書斎は、障子《しょうじ》で仕切られ、畳が敷かれている。

黒澤作品と宮本武蔵に関する書物などに強い影響を受けたデータベースソフト会社オラクルの会長、ラリー・エリソンは、日本から宮大工を呼び寄せて桂離宮《かつらりきゅう》を摸した広大な自宅を造った。一度、その家に招かれたことがあるが、贅《ぜい》をつくした数寄屋《すきや》造りのその家に、土足で上がるのには抵抗があった。エリソンは、桂離宮で桜見をすることを最高の喜びとしていて、日本オラクルの最も重要な仕事は、桜の花が咲く時期の桂離宮の予約を取ることだとさえ言われている。

アップルコンピュータの創立者で現CEO、スティーブ・ジョブスの和食、特に鮨好きは有名で、アップルコンピュータ社の社員食堂は和食のメニューが充実している。彼のトレードマークになっている黒い長袖のタートルネックは、イッセイ・ミヤケのものだ。ここ一〇年くらい、それ以外の服装で写っているジョブスを見かけることはほとんどない。まさか一枚のシャツを着続けているわけではない。

ある日、ニューヨークのイッセイ・ミヤケの事務所に、スティーブ・ジョブス本人から電話がかかってきた。黒い長袖のタートルネックを数百着ほしいという。数百着持っていた在庫が残りわずかになっているので、補充したいという。しかし、その商品はニューヨークには在庫がなく、日本でもすでに作られていなかった。それでも、どうしても欲しいと言うので、数百着の注文なら新たに作ってもいいと返事したところ、ジョブスは、これまでのタートルネックの色合い、肌合い、特に袖を捲《まく》り上げた時の感触がとても気に入っていて、まったく同じものでなければいやだということだった。

日本で型紙や糸などの記録を探し出したりすると時間がかかるので、着払いで、ジョブスが持っている現物をニューヨークのオフィスに送ってくれと頼むと、残りわずかな貴重なものを送ることはできないという返事だった。しかし、シリコンバレーまで来れば見せてやるという。そこでシリコンバレーの空港に着くと、待ちきれないジョブス本人が待ちかまえており、ポルシェで自宅に連れて行かれ、実物を見たのであった。それがあの黒い長袖のタートルネックの物語だ。

三宅事務所のアメリカオフィスのスタッフから、以前聞いた話なので、私が無意識に話を面白く脚色してしまっているかもしれない。しかし、これだけは間違いない。「変わらぬものこそ、新しい」。

黒を街に

高田賢三《たかだけんぞう》が日本人デザイナーとして、パリのコレクションでの口火を切り、森英恵《もりはなえ》、三宅一生、山本耀司、川久保玲《かわくぼれい》が続いた。高田賢三と同じ文化服装学院で学んだ山本耀司は、これまでファッション界では、あまり使われなかった無地、特に黒を基調にした服を展開し、黒をファッションで最も使われる色にしてしまった。それまでは、黒というと、タキシードや喪服、あるいは制服というイメージを持たれていたが、山本耀司が洋服の既成概念をくつがし、黒を普段着の魅力的な色に転換してしまった。

アメリカで「マディソン・アヴェニュー」という言葉は、メディアの世界で広告業界を意味する。というのも、ニューヨークはマンハッタンのマディソン・アヴェニューに広告代理店が集まっているからだ。そしてその通りを歩いている人たちの中で、誰が広告業界の人間か、すぐにわかる。全身黒ずくめだからである。最先端を気どる男性たちは、黒のスーツに黒のシャツに黒のネクタイをしている。

日本人の色についての豊かな感性について、節子・クロソフカ・ド・ローラは、『見る美聞く美　思う美』の中で次のように書いている。

「『色っぽい』、『色目』というのは、『色』と『愛欲』を結びつけた表現方法などは、豊かな発想です。」

「色男」という言葉も付け加えておこう。

上野、池之端に「道明」という一六五三（承応二）年創業の組み紐の老舗がある。ここの紐は、「巴里萬国博覧会金牌」と書かれた薄紙に包まれ、箱に入れられて客に手渡される。店に入ると、何百本という帯締めが並べられている。その一つひとつに独自の名前がついている。さらに驚くのは、微妙に色合いとか色の濃淡が異なる無地の帯締めにまで個別の名前がついていることだ。

すでに述べたように、言葉があるということは、その言語圏にいる人たちは、その存在を自覚的に認識でき、他との違いがわかるということであるため、日本人は、それだけ色の繊細な違いを識別できるということになる。

和文様

唐文様《からもんよう》がシルクロードを辿って日本にもたらされたように、様々な日本の文様が、世界へと伝播している。よく知られているのは、ルイ・ヴィトンのモノグラムだ。初めてビニール素材を使って耐水性の高い旅行鞄を作ったとき、自らのブランドイメージを確立するために

ルーブル美術館の日本の家紋をアレンジしたネクタイ

文様を入れたほうがよいと考え、日本の家紋のマークをアレンジして用いた。二〇〇三年の村上隆とルイ・ヴィトンのコラボレーションは話題になったが、日本の家紋のアレンジや、家紋を背景に何かを描くなら、日本画にルーツを持つ村上隆がふさわしいアーティストであることは言うまでもない。

今世紀に入るか入らないころに、ルーブル美術館を訪れたとき、ミュージアム・ショップには美術館特製のネクタイが二本しかなく、その一本が日本の家紋をアレンジしたもので、ネクタイの地の色も、きものによく使われる金茶であった。パリに本拠地を置くデザイナーではないが、ミラノのジョルジュ・アルマーニがネクタイに好んで使う柄にも、日本の小紋そっくりなものが少なくない。

時代を遡《さかのぼ》れば、単発的、分散的でなく、体系だって日本の美術工芸品や装飾品の意匠がヨーロッパで大きな影響を与えたこともあり、その十九世紀のブームは、ジャポニズムと呼ばれた。ヨーロッパの富裕層が、日本の焼き物や蒔絵《まきえ》などの高価な工芸品を買い集めることが流行し、マイセンなども日本の陶器を真似て絵柄を描いた。

フランスの日本人

カメラ撮影が普及する一九世紀半ばまで、視覚的な記録は職業画家に依頼するしかなかった。結婚式、幼い子ども、若い妻などを、絵で残せるのは、職業画家を雇える金持ちだけだった。

しかし、カメラが登場して事情は一変する。絵画が持っていた記録性は、絵画以上のリアリティーで写し取るカメラに奪われ、絵画はなくなるのでないかとさえ思う者もいた。さらに、絵画を模してオブジェを写真で撮る者まで現われ、絵画はアイデンティティーの危機に立たされた。フランスの画家たちは、絵画の新しい道を模索していた。

当時、ジャポニズムのブームで、日本から多くの美術工芸品が輸入されていた。陶器が壊れないよう包む紙として、人気がなくなって商売にならない浮世絵を使うことが多かった。弾力性があり強い和紙を使っていたからだ。そして、長い船旅の果てに届いた包みを開き、ヨーロッパの人々は、浮世絵を発見することになる。

フランスの画家たちは、平板で、中景が排され、遠近感もでたらめな大胆な構図や、簡潔

ゴッホによる浮世絵の模写。左右の漢字は原画にはなく、ゴッホの日本への憧れからのアイデアによる（1887年、オランダ国立ゴッホ美術館蔵）
【右】は元絵の歌川広重作「江戸名所百景　亀戸梅屋舗」（太田記念美術館蔵）

ながら装飾的な浮世絵の表現に、新しい絵画の活路を見いだし、印象派を興《おこ》す。ヴァン・ゴッホは、印象派の人々を「フランスの日本人」(『ゴッホの手紙 中』)と呼んだくらいだ。

一方、生まれ故郷の日本で、視覚的欲望を満たすだけの下賤《げせん》な消費財として見られていた浮世絵は、伝統技法としてしか生き残る道を見つけられず、皮肉にも印象派の中にだけ浮世絵は生き続けることになった。

時は流れ、一九八七年、安田火災海上保険は、ロンドンのクリスティで印象派の代表作ゴッホの『ひまわり』を、これまでのオークションで絵画に支払われた最高額の三倍以上の三九八五万ドルで購入したのであった。その保険会社の名前は、いまはもうない。

第三章　模倣される理由

模倣が組み込まれた社会システム

「デザイナーの成功は、市場に出回っている海賊版の数によって測られてもいる」(『「パリ」の仕組み』日経新聞社　二〇〇四)と川村由仁夜が言うように、模倣されるということは魅力や人気の指標でもある。

経済価値や市場性のないものには模倣も生まれない。海賊版とは、著作権や意匠登録している商品を違法に模倣して、その商品によって本来なら得られる利益を許可なく奪うものをいう。最も多い海賊版は偽札や偽金であって、その事実は、どれほど現金が魅力的かを示している。

許される範囲のものもある。かつて少女の間でガングロが流行したとき、北海道の北見《きたみ》にガングロの少女が現われ、近隣から彼女を車で見に行く人も少なくなかったと、釧路《くしろ》の知人から聞いたことがある。歴史に留められるかどうかはわからないが、いまのところガングロの北限は北見である。特別天然記念物の丹頂鶴に匹敵するほどの集客効果はなかったとしても、ガングロの少女は特別天然記念物なみの希少性故に、人に足を運ばせる力があった。その少女は渋谷の流行を模倣したのであり、あれだけ印象的なメークをするということは、少女自身も模倣したことを知られたいから模倣したのである。

ファッションなど、流行は模倣を前提にしている。真似られなければ、ファッションなど成立しない。ミニスカートをデザインしたとしても、特定のデザイナーのものだけが売れるのでは、流行にはならない。多くの者が模倣してはじめて流行は成立するため、ファッションなどには、模倣を誘発させようする意図が最初から織り込みずみだ。

さらに言えば、模倣の誘発は、われわれが生活している資本主義という社会装置の根幹をなすものだと言っていい。資本主義は、大量生産、大量消費、大量廃棄というサイクルを生みだし、維持してきた。大量に同じものを作り、生産性を高めるため、大量に同じものを消費したいという欲望が存在しなければ、資本主義は成立しない。そして欲望を均一化するのが模倣である。そのため、模倣とは多様性、多元性を減らすことでもある。

多様性排除のための模倣

生活様式へのあこがれは、衣食住、生き方そのものにかかわるすべての欲望を再定義してしまう。日本を含めたアジア全体を覆《おお》い尽くした西洋化は、欧米のウェイ・オブ・ライフを、近代化のために模倣させようとする国家的な政策があったとしても、模倣したいという一人ひとりの思いの集積が、西洋化という結果をもたらす。

しかし、憧れの対象になり、模倣したい目的に設定された西洋そのものが、大量生産故に飽和し、人とは違うものを所有したいという欲望が、西洋という文化圏では満たされなくなるとき、異文化に目がいくことがある。それは、あくまでも安く大量に提供されるかどうかに無頓着でいられる富裕階級や、それに批判的な文化人や芸術家などに限られるものではある。十九世紀の一時《いっとき》、いまある現実を一変させ、生活様式さえを変えたいという欲望を満たすために、あまりにも遠く、それ故に情報が欠落する結果、神秘性が生まれることになる東洋文明が利用された。

ジャポニズムも、均一化への反動であった。

つまり、模倣による多様性が減少したことへの反発として、日本が使われた。つまり、ジャポニズムは、欲望を同じものに向かわせる模倣の反動としての模倣である。印象派による浮世絵の発見が、その典型だ。そのため、使われるものは、欧米ではできないものに限定されていて、その領域は美術工芸品の意匠や技巧などに限られていた。その結果、「柿右衛門」が、そのままヨーロッパで通じるようになる。

しかし、いま日本のものが模倣されている理由は、外見的な美に留まらない。日常の美、簡素さ、子どもの天国故のかわいさ、省エネルギー、自然への畏敬、拡張主義でない共存の思想、多様性の保持、質素の楽しみ、そしてこれまで通り、長い歴史からくる伝統などである。

アン・モロー・リンドバーグ

一九三一年八月二四日、チャールズ・リンドバーグは、妻のアン・モロー・リンドバーグを伴《ともな》って、自ら操縦する小さな単発機、シリウス号で根室港に着水した。

彼が一九二七年に成し遂げた大西洋無着陸飛行は当時としては、一九六九年の月面に人間が降り立つほどの大きな事件で、リンドバーグは世界で最も大きな名声を得た若き英雄だった。飛行機普及のため、飛行ルート開拓に努めていたチャールズは、アンを伴い、二人で北太平洋調査旅行を行なった。一九二九年五月に結婚したチャールズとアンに、結婚の翌年の六月に初めての子どもが生まれていたが、その子をおいての旅だった。

七月末にニューヨークを発ち、アラスカ、シベリヤ経由で八月二十四日、根室に着き、そこから霞ヶ浦、東京、大阪を訪れて、九月十八日に中国へと発った。

夫の強い勧めにより、アンはその旅行記に着手し、執筆中の一九三二年三月一日、長男が誘拐され、後に死体で発見された。誘拐の当日のアンは書きものをしていたと記録に残っているため、たぶん、この旅行記を書いていたのだろう（A・スコット・バーグ『リンドバーグ　上』広瀬順弘訳　角川文庫　二〇〇二）。

一九三五年に刊行された旅行記『North to the Orient（翼よ、北に）』（中村妙子訳　みすず書房　二〇〇二）には、日本の印象が美しい言葉で綴《つづ》られている。

「すべての日本人のうちには芸術家の素質がある。そのような芸術的なタッチはあらゆるところに見られる。日本の博物館に陳列されている宝物のうちにあるばかりではない。しごくあっさりしたキモノのうちにも、毛筆の書き流す文字のうちにも見られる。雨の通りに花ひらく、青や赤の番傘や蛇の目傘のうちにも、普段使いの食器のうちにも見られる。わたしは日常生活のうちの紙と紐すらも、日本特有のタッチによって、かりそめならぬものに変えられているのだと感じるようになった。あるとき、わたしたちは日本の通りを歩いていた。藍の浴衣を着て、背中に赤ちゃんをおぶっている女の人が街角に立っていた。雨が降りしきり、彼女は濃い青に白の輪の入った傘を頭の後ろに掲げ持っていた。わたしの友達は、『まるで後光みたいでしょう』と言った。雨の日、日本の女性はだれでもこうした後光をいだいている。それは日本では最もありふれた種類の雨傘なのだ。」

美はどこにある

アンは、美が、鑑賞されるためだけに存在する、美のための美ではなく、生活の中にある美であることに感銘する。衣類としてのきものや浴衣、日常雑器や簡素な住居にまでが美をたたえている。

『日本統計年鑑平成一四年』（総務省統計局、二〇〇二）によると、一九九九年、わが国には総合博物館一二六、科学博物館一〇五、歴史博物館三五五、美術博物館三五三、野外博物館一三があるが、美術館などのいわゆる文化施設などなくても、歴史や美が身のまわりに維持されていることのほうが望ましい。

「アート」という言葉で、美が自立的に存在するものにこそ価値があるとするヨーロッパの文化的枠組に絡《から》めとられた途端、美はわれわれの生活から切り離され、最後は美術館で束の間眺められることを目的としたものになってしまう。日本の美は「アート」という言葉で見つめられた途端、本来あるべき日本の美から逸脱し、堕落してしまう。生活の中にある日用品、人々の振る舞いやたたずまい、そして町並みや自然、そこに日本の美はあったはずだ。

アンはまた、美が自然と気づかされるようにしつらわれていることを発見する。

「雨のために（踏み）石はほどよく輝いていた。踏み石は不規則に並んでいるので、つい

足もとを見て歩くことになり、それぞれの石の美しさに気づかずにはいられなかった。」（前掲書）

それだけではない。日本の美は人間が作り出したものだけでなく、自然にあるものの中から抽出することから、立ち居振る舞いにまで及び、美は人間の外にあるのではなく、人の内にあることをアンは知るのである。

「きわめて小さいもののうちに美を認め、何気ない立ち居振る舞いのうちにさえ美を創造する、日本人のこの鑑賞力といおうか、もの見る深いまなざし」（前掲書）

一九三一年とは昭和六年である。日本の伝統をかなぐり捨ててしまおうとした明治維新から時が流れた昭和に入っても、まだアンは、「日本の資質」を感じることができた。日本の資質に触発されたアンの思索の結晶が、日本訪問から二〇年以上たった一九五五年に『海からの贈りもの』（落合恵子訳　立風書房　一九九四）という随筆になる。

質素をむねとする

『海からの贈りもの』は、「シンプルな暮らしがしたい」とするアンの宣言書でもある。

「外面的な暮らしを、簡潔にするだけでは足りない。外面は外面にすぎないが、わたしは

そこからはじめてみようと思う」（前掲書）

われわれは、必ず「質素をむねとせよ」と教えられてきた。

日本の美意識としてかならず「わび」とか「さび」があげられ、贅《ぜい》を尽くさない簡素さがいいと教えられてきた。「贅沢《ぜいたく》禁止令」を出した徳川家斉《とくがわいえなり》といった為政者もいたし、第二次世界大戦中に大きな声で叫ばれた「贅沢は敵だ」も、受け入れられる素地は実際には以前からあった。

日本人の生活様式の質素さ、簡素さは、多くの外国人を驚かせてきた。一八五〇年代、二年間、長崎に滞在していた長崎海軍伝習所教育隊長カッテンディーケは、その驚きを、こう綴《つづ》っている。

「日本人の欲望は単純で、贅沢といえばただ着物に金をかけるぐらいが関の山である。なんとなれば贅沢の禁令は、古来すこぶる厳格であり、生活第一の必需品は廉《やす》い。（略）上流階級の食事とても、至って簡素であるから、貧乏人だとて富貴な人々とさほど違った食事をしている訳ではない。日本人が他の東洋諸民族と異なる特性の一つは、奢侈《しゃし》贅沢に執着心を持たないことであって、非常に高貴な人々の館ですら、簡素、単純きわまるものである。」（『長崎海軍伝習所の日々』水田信利訳　平凡社東洋文庫　一九六四）

金持ちであることをひけらかさなかったのは、人間の価値はそれだけで決まるものではないという表明でもあるのだが、その美徳も、経済合理性、つまり貪欲さを肯定し、貪欲さこそが正義の基準とするアメリカ型の市場原理が打ち消そうとしている。それ故にこそ、時代劇などで、そういった美徳を見せられると、一層ひきつけられるのかもしれない。

日常に埋め込まれた美

江戸時代に作られた螺鈿《らでん》がほどこされたとても美しい印籠《いんろう》を、「パーソナル・コンピュータの父」アラン・ケイと一緒に見せてもらったことがある。手にとって、しばし見とれていたケイは、薬を入れて身につけていたものだという説明を聞いて、こう言ったものだ。

「日本人はこんな美しいモバイルを作っていたのに、いまの携帯電話はなぜあんなに醜《みにく》いのか」

日常品の中に美を込めようとする日本の気質は、その後、世界に受け入れられることになる精巧な工業製品にある程度、受け継がれているが、大量生産、大量消費では、無難で中庸的なものを出さざるを得ず、アラン・ケイの詠嘆《えいたん》となる。

いまは、美は日常品から切り離され、美術品として目的化されたものとなり、また美術館や博物館という閉じられた空間に囲い込まれ、眺めるだけのものになってしまった。しかし日本では元来、眺めるだけの美は存在せず、たとえ絵であって、空間を仕切る屏風や襖に描かれ、掛け軸すらも客人に何らかのメッセージを伝え、季節感を伝えるものであった。

生活の中にこそ美を置こうとして、美しさを生活の中に込めてきた。街角、着る物、食べる物という日常の中に美を埋め込んできた。きものや器、仏像、地蔵、そしてすぐに消えてしまう料理にいたるまで、日常のすべてのものの内に美を生み出し、あるべきところに美は分散・遍在していた。

床の間という、自然を屋内に呼び込み、美を鑑賞する空間が、どんなに小さな家にもしつらえられていた。私が生まれた家にはあったが、いま住む家にはない。

普段使うものは飾り立てて華美になると、すぐに飽きてしまう。そう、飽きのこないことが重要だった。

しかし、たまに眺める美術品になると、眺められるわずかな瞬間に価値が決定されるため、装飾過多であるほうが注目されることになる。ジャポニズムの波に乗って欧米への輸出目的で作られるようになった日本の工芸品は、普段使われるものとしての日常性が失われ、美術品になり、美術館のためのものに堕《だ》しているのがよくわかる。万国博覧会に出展されたような品々は技巧的には素晴らしかったが、それは本当に使いたいもの、使われるものではなくなっていた。

価値が下がらない日用品

欧米の生活様式に合わせて作り出された日用品は、服から家まで衣食住に関するすべてのものが購入した途端に価値が下がっていく。しかし、かつての日本の日用品は違った。買ってから価値が上がるものもあった。いまでこそ紬《つむぎ》は高級品になったが、昔は、お召しを作った後の残りの絹のくずで作られていて、格の低いきものとされていたため、紬のほうが高くなってしまったいまでも式典や茶会などでは着てはいけないとされている。

江戸時代に絹織物の着用が町民には禁止されていた時代でも、普段着として紬の着用が許されていた。紬は真綿といわれる絹のくずから細い糸を紡ぎ出し、ひねりを加えて強度を高めているため、織り上げたとき、少し固めの感触があるが、着ているうちに次第に柔らかくなり、着れば着るほど着心地がよくなってくる。かつて大店《おおだな》の主人が結城紬を手に入れると、一年間使用人に着させて、何度も洗い張りをして柔らかくしてから着用したと言われている。

洋服では、一年間誰かに着せてから着るということは考えられない。他人が着た途端、古着となる。きものだけではない。

日本の様々な日曜道具は、使い込まれて、使用する人の癖や使用方法がなじんでくる経年変化が織り込み済みである。そのため使っている人にとっては、価値は減じるどころか、増してきて、ものを大切にし、長く愛用することになる。短期間に古びさせて、捨てさせるという方法とは真逆の考え方だ。

「愛用」という言葉すら死語になりつつあり、短いサイクルでものは次から次に捨て去られていく。普段使っているもので、一番長く使っているものはなにか、そして製造年月日はいつなのかを思い浮かべてほしい。私の場合は、形見分けでもらったきものと時計だ。私が生まれる前のものだ。食器もそうかもしれない。

生活様式の劇的な変化から、そういった愛用できるものが駆逐されていった。かつては日用品だったものが、高価な美術工芸品になってしまい、修理できる職人も少なく、修理部品の確保なども難しい高級品になってしまい、さらには、そういった物は商売として成り立ちにくくなってしまった。結果的に愛着もわかない、安くて一見便利なものだけに取り囲まれていき、その反動として法外な値段のブランドものに「愛着」のはけ口を求めることになる。

ブランドのプライド

東京大学医学部の礎を築いたエルヴィン・ベルツは、日本人の妻ハナに、誰も見ないきものの裏地になぜ美しい布を使うのかと尋ねたことがある。ハナはこう答えたという。

「貴重なものは、誰にもかれにも見せるものではありません。なにもかもさらけ出して見せびらかすほど、下品なことはありません」（トク・ベルツ編『ベルツの日記　下巻』菅沼竜太郎訳　岩波文庫　一九七九）

ベルツが問うたわけは、欧米人が装飾過多を好む理由と共通している。どうしていいものを目立たせないのかということで、他人の目を気にしているのだ。いいものを身につけていることを知られたい。

かつて日本では、どんなに高価な商品であっても、どんなに知名度の高い商品でも、目立つところに商品名を入れるということはなかった。品質でのみ、顧客に満足を与えたいという奥ゆかしさと誇りがあり、客もそれに応えられるだけの見る目があった。美術品としか思えないような日用品は、芸術家の手になるものではなく、「名もなき地方の職人の手になるもの」（モース『日本人の住まい』八坂書房　一九九一）だった。そのため作者名を入れるだけで顰蹙《ひんしゅく》を買う時代だった。

作品に署名するという習《なら》わしがなかった浄瑠璃歌舞伎の世界で、近松門左衛門が初めて作者としての名乗りをあげたとき、次のようなはやり言葉が現われた。

「おかしたいもの、南京のあやつり、近松が作者付」（『野郎立役舞台大鏡』）

「おかしたいもの」とは、「止めさせたいもの」という意味である。それくらい名乗ることはものを作る者として、禁じられていた。芝居の世界では作家性とは商品を作品として自立させることであり、江戸時代の浄瑠璃や歌舞伎芝居は今日のテレビのワイドショーのような存在であったため、一つの作品として打ち出すことに抵抗があったのだろう。結果的に近松の行為は、芝居の芸術性を高めることになった。

流行を前提とし、いいものであれば見せびらかしたいという欲求を満たさなければならない欧米の製品は、流行のサイクルが短いため、高価なものであればあるほど、高価なものであることを周囲に認識させるしかけが必要になる。できるだけ目立つようにブランド名を付けて、購入者に満足感を得てもらおうとし、顧客自身が広告塔にさせられる。

しかし現代日本人のブランド好きは、つとに有名で、欧米では日本人はブランド・ハンターと言われているくらいだ。日本の大都市の目抜き通りは、欧米のブランドショップに占領されてしまった。第二次世界大戦の敗戦による占領以来の、第二の占領と言ってよいくらいだ。長く愛用するもの、「一生もの」を好む日本人の資質が、西洋式の生活様式に適応するうちに、いびつに噴出したのだろう。

芸妓であった岩崎峰子は、茶人である井口海仙《いぐちかいせん》にこう言われたという。

「ブランド品を身につけるより、自分がブランドになれ。」（岩崎峰子『祇園の課外授業』集英社　二〇〇四）

子どもの天国

フランス本国よりも日本における売り上げのほうが大きいブランド、ルイ・ヴィトンは、日本のアーティスト村上隆を起用した。村上は、「カワイイ」を作品にしている。

いま、日本の少女たちは、肯定する雰囲気を伝える場合、なにかにつけて「カワイイ」という言葉を発する。もともと「カワイイ」とは、幼いものや小さいもので美しいものを指す美的判断の言葉だ。「カワイイ」に村上は日本の先鋭的な表現形式を見いだして、それを技術として増幅させようとしている。そして、外国人は一五〇年以上も前から、日本の「カワイイ」に反応してきた。

イギリスの初代駐日総領事であったラザフォード・オールコックは、日本を「子どもの楽園」（『大君の都　上巻』山口光朔訳　岩波文庫　一九六二）と呼んだ。江戸時代に子どもが大切にされてきたことは、有名な決闘からもわかる。二一歳の宮本武蔵は一六〇三（慶長九）年、一乗寺下り松で、七三名の吉岡一門と一人で闘い、決闘の名目人にされていた十二歳の壬生《みぶ》源次郎《げんじろう》を殺したことで、世間からつまはじきにされ、後々まで非難された。

ペリー艦隊の者たちが残した言葉は、そのまま日本のアニメーションにも当てはまる。

「わが国の児童書にある面白みのない駄作よりも、はるかに進んだ物語様式である。ユーモアのセンスをそなえ、滑稽なことを絵にすることができ、気のきいた戯画を気持ち良く笑える国民は、研究に値する進歩をとげているといえよう。」（『ペリー艦隊日本遠征記Vol．I』）

日本人は、子どもが楽しむものの開発に抜きん出ていて、「大人でさえ何時間も楽しむことができる」（エドゥアルド・スエンソン『江戸幕末滞在記』長島要一訳、講談社学術文庫二〇〇三）のである。

村上隆の「カワイイ」作品は、日本の伝統的表現に連なっている。

「子どもの楽園」たる記述は、渡辺京二著『逝きし世の面影』（葦書房　一九九八）の第十章によくまとめられている。そういった楽園が作り出す子どものおもちゃの魅力は、普遍性を持っているようで、いまや一大勢力になっている。

六〇〇〇億円の猫

二〇〇四年は、「ハローキティ」というキャラクターの誕生三〇周年であった。ケン・ベルソン、ブライアン・ブレムナーの『巨額を稼ぎ出すハローキティの生態』(酒井泰介訳　東洋経済新報社　二〇〇四)によると、ハローキティは、世界で最もお金になるキャラクターのトップ5に入っており、ブリトニー・スピアーズなど有名人にもハローキティのファンは多い。アメリカ大統領の一人娘を主人公にした映画『First Daughter《ファーストドーター》』(二〇〇四)で、ボーイフレンドが大統領令嬢にプレゼントするのもハローキティのぬいぐるみだった。極めつけは、マイクロソフト社のビル・ゲイツで、ハローキティの権利を六〇〇〇億円で買い取ろうと申し出たという。ハローキティの会社、サンリオの創業者、辻信太郎《つじしんたろう》を、ライバルは「カワイイの神様」と呼ぶらしい。

「ポケモン」に至っては、これまでの市場規模は「国内が一兆円に対して海外が二兆円」(畠山けんじ『踊るコンテンツ・ビジネスの未来』小学館　二〇〇四)と、海外市場が国内の二倍になり、世界市場を視野に入れたハリウッド並みのビジネスとなっている。『遊戯王』

のカードゲームも大きな商業的成功を収めている。

こういったキャラクターは商用だけはない。企業、それもエンターテイメント企業だけではなく、多くの企業が「カワイイ」キャラクターを採用し、はては学校から、自治体、政府機関に至るまで、キャラクターを使っている。

インターネットの検索サービス「ライコス」が、世界中のインターネット上で最も多く検索された言葉のランキングを毎年発表している。二〇〇一年、二〇〇二年は連続して「Dragonball」が一番となり、ライコス発足以来初めて、二年連続一位となった。もちろん、鳥山明原作の漫画『ドラゴンボール』であり、そのアニメーション版の題名である。二〇〇一年には「九・一一」など様々な政治的事件があったのに、世界の人々が最もインターネットで知りたかった言葉は「Dragonball」であった。二〇〇三年は「Dragonball」は三位になったのだが、一位と二位は、P2Pの違法ダウンロードソフトに関する検索であり、やはり一般用語で一番になったのは「Dragonball」だった。

中国で二〇〇一年十二月に行なわれた二〇代以上の男女を対象としたキャラクター人気ランキングの結果は次の通りである（サイバーブレンズ社調査）。一位・クレヨンしんちゃん、二位・孫悟空（ドラゴンボール）、三位・ドラえもん、四位・名探偵コナン、五位・ちびまる子ちゃん、六位・スヌーピー、七位・ドナルドダック、八位・ミッキーマウス、八位・ガーフィールド、一〇位・桜木花道（スラムダンク）。

成功の重み

「子どもの天国」と言われてきた日本では、子どものために費やされる金額は大きく、その大きな市場をもとに開発される子どもの商品は、国際市場でもあまりにも競争力が強く、子どもを虜《とりこ》にしてしまう。明治三（一八七〇）年、雇われ外国人教師として来日したアメリカ人、W・グリフィスは、「日本ほど子どもの喜ぶものを売るおもちゃ屋や縁日の多い国はない」（『明治日本体験記』山下栄一訳　平凡社東洋文庫　一九八四）と言うくらいだから、昔から日本では子どもは消費者と見られていたのだろう。

日本が開発したキャラクターやゲームなどの子ども向けの商品は、大きな成功によってハリウッドと同じ立場に立つことになった。子どもを対象とした商品であったため、批判は苛《か》烈《れつ》だった。子ども特有の収集癖などを利用して、変わりばえしないものを少しだけ手を加え、子どもから金を搾《しぼ》り取っているだけではないか、刹那的な消費や射幸心を煽《あお》っているのではないか。まさに大量生産、大量消費で子どもを煽動し、ゴミを増やしているだけではと。

子ども故に心配は増幅する。親の立場になれば、その批判も納得できるし、それを自覚している者もいないではない。子ども向けの表現ということでは、たぶん世界で最も大きな名声を得てしまったアニメーション監督、宮崎駿は、『千と千尋の神隠し』（二〇〇二）で第五十二回ベルリン国際映画祭で、アニメーションとして初の金熊賞（グランプリ）を獲得したときの記者会見で、こう語った。

「自分たちもビデオを売っているが、ビデオを見たりゲームをして何時間もテレビの前にいることで、まともな子どもが育つわけがない。喜ばれれば喜ばれるほどジレンマを感じる。この国の一番大きな問題」（http://www.sponichi.co.jp/entertaimment/kiji/2002/02/20/03.html）

宮崎作品が子どもたちにとって魅力的であればあるほど、子どもたちはディスプレイの前に座っている時間が長くなる。

私の娘が三歳のとき、『風の谷のナウシカ』（一九八四）がお気に入りで、レーザーディスクの操作方法を覚え、一人で繰り返し見ていてディスクが割れたと、アメリカに長期滞在していた私宛てに手紙が届いたことがあった。「すり切れるほど聞く」のではなく、割れるほど見たのである。

娘が高校生になったとき、『ナウシカ』を見直した娘は、しみじみと「『ナウシカ』って、こういう話だったんだ」と言った。子どもが喜んで見ていたとしても、宮崎が伝えたいことが子どもに理解されているかどうかわからない。大人ですら本当にわかっているかわからないのに、子どもならなおさらのことだ。

宮崎が伝えたい自然との触れ合い、実体験で学ぶこと、幅広い年齢層のさまざまな人たちとの触れ合いといったことは、ディスプレイに釘付けにすることと相容れず、子どものために優れた作品を作りたいという志とのジレンマに、宮崎は引き裂かれてしまうのだ。そのため、宮崎は常に、自分のファンだという子どもたちに向かって、こう言う。

「僕のアニメーションを見るのは年に一回でいい」

作者として、子どもを消費者として見ずに思いやる、こういった自戒の念が、さらに宮崎のファンを増やしてしまうという悪（？）循環となる。

伝統表現としてのアニメーション

明治維新に外国人がこぞって認めたおもちゃの知恵は、たぶんビデオゲームや家庭用ロボットに引き継がれたのだろうが、日本のアニメーションや、そしてそのもととなるマンガも突然変異で生まれたものではないはずだ。宮崎駿とともにスタジオジブリを作ったアニメーション監督で、優れたアニメーション研究者でもある高畑勲《たかはたいさお》は、『十二世紀のアニメーション』（徳間書店　一九九九）という著書で、こう述べている。

「なぜ日本でマンガやアニメが盛んなのか、その理由をいろいろ挙げて説明することもできます。しかし、不思議なことに、その根本にひそんでいる最大の要因が意識されることはあまりありませんでした。最大の要因、それは、日本人は昔からずうっとマンガやアニメのようなものが大好きで、作ることもたいへんうまかったという事実です。」

この本で、十二世紀の絵巻物と日本のアニメーションの類似点を高畑は解き明かしているが、古い絵の描き方は、日本のアニメーションの手法にあまりにも似ている。

西洋絵画は平面上で、どう立体的に見せるかということの技術革新に明け暮れ、レオナルド・ダビンチの『モナリザ』のように一点透視法を使うなどして正確な遠近を表現し、平面なのに立体的に見える工夫を編み出していく。一方、伝統的な日本の絵画は、被写体の輪郭を黒い線で囲んで、時には線の中を彩色し、平面的に描く。絵画だけでなく、加賀友禅などにも同じ手法がとられている。背景と極端な遠近格差をつけるという独特の形式で、平面的に描きながらも立体感を表現してきた。

日本の漫画でもアニメーションでも、二次元的な線画をもとにしていることは同じである。

制作工程まで同じだ。日本画は、写生したものを、本紙と同じ大きさに描き写し、その下書きを本紙に転写した線を墨で描き起こす。日本が得意とする手書きアニメーションそのものだ。村上隆はアニメーションのテーストをアートにしたと言われているが、日本画から出発した彼故にアニメーションを透かして、その先に伝統的な日本画をみていたに違いない。

国民総画家

西洋では絵を描くことは専門的技能であったが、日本では、線画を元にした絵で表現できるのは職業画家だけでなく、広きにわたっていた。絵を描くことは教養人のたしなみで、宮本武蔵も絵を残している。種子島に船が漂着して鉄砲が伝わったときも、島の侍は即座に鉄砲の形を描くことができた。ペリーの来航時も誰もが、懐《ふところ》から懐紙《かいし》を出して絵を描いてアメリカ人を驚かせた。その時の様子を『ペリー艦隊日本遠征記Ｖｏｌ．Ｉ』では、こう記録している。

「彼ら（日本人）は眼で観察するだけであきたらす、ゆったりした長衣の左胸のポケットにいつでも携帯している筆記用具、すなわち桑樹皮製の紙と墨と毛筆をたえず取り出して、書き留め、スケッチした。日本人はみな絵が大好きらしく、彫刻及び絵画を見せると大いに鑑賞したが、彼らの描いた絵はひどく粗雑で、芸術的とは言えなかった。それでも、誰もが絵画技巧の腕だめしに熱心で、アメリカ人の肖像や、あれこれ珍しい品々をたえずスケッチしていたが、その出来栄えは、描いた本人には上出来であったかもしれないが（彼らが少なからず自慢気であったことは確かだ）、絵画技法の進歩に寄与するものとは思えなかった。しかし、この絵かきたちが玄人でなかったことを、知っておかなければならない。」

侍は絵を描く道具を常備していた。懐紙と矢立に入った筆と墨だ。筆はペンや鉛筆とちがって、文字が書けるだけでなく、濃淡をつけたり、線の太さを調節できるため、絵を描く道具として優れている。一つの筆記具で文字から絵への移行が即座にでき、絵と文字を混在させることができる。線画で空間が多く、絵と文字を混在させる日本の漫画の形式は、筆の文化から派生しているのかもしれない。さらに、西洋の筆記具は硬いので、中空に浮いている紙に描くと紙を破いてしまうが、筆は柔らかいので硬いものをあてがわなくとも中空で描くことができる。

世界で最も難解な言葉

絵を描くことが、日本人にとってそれほど慣れ親しんだ表現手段になったのには、それなりの理由があったのだと思う。

輸入言語である漢字を、日本語に無理矢理当てはめたため、話し言葉と書き言葉が他の言語では例がないほど極端に分離し、文字で自分の思いを表現することが難しくなり、米軍が「世界で最も難解な言葉の一つ」（山本武利『日本兵捕虜は何をしゃべったか』文春新書　二〇〇一）と断定するようなものとなってしまった。そういった文字で表現しきれないものを、日本人は絵で補おうとしてきたのではないか。

日本の視覚的豊かさについて、第二次世界大戦中、米軍が日本の文字すらも視覚的だと、次のような分析している。

「日本人は幼少から数千の表意文字の習得にこれ努める。教育が全面的にビジュアルつまり目に見えるものに傾斜しているのだ。もっぱら目を通じての知識の習得を図るため、他の感覚とくに聴覚が鈍感になる。書き物への依存はビジュアルへの特化からくる当然の帰結だろう」（前掲書）

日本でのマンガの異常な発達、それを支える膨大な表現者の予備軍がいることは、コミケで知ることができる。絵文字の利用も、そうだ。輸入言語である漢字を基にした書き言葉では、自分の思いの丈《たけ》を込められないから考案されたものが、「カワイイ」と融合し、発達した。絵で文字を補い、コミュニケーション能力を高めようとする試みが、日本独自の表現方法を生み出してきた。

自然への畏敬

一九八〇年代の中頃だったと思う。四歳か五歳だった娘がテレビを見ていて、「ナウシカのおじさんだ」と言った。テレビを見たら、宮崎監督が緊張した面持ちでインタビューを受けていた。北海道の原生林を伐採するのに反対する市民運動の模様を報道するニュース番組だったと記憶している。私の娘すら知っていた宮崎監督には、「東京からの参加者」というテロップがついていた。

宮崎は、自然がたとえどんなに凶暴でも、自然とともに生きるということを繰り返し描いてきた。『ナウシカ』に出てくる有毒ガスを発生させる森「腐海《ふかい》」が、実は自然を浄化させているという設定は、凶暴さと恵みを併せ持つ自然を要約した比喩だった。「腐海」が「不愉快」という言葉を連想させるように、不愉快であっても自然は存在している以上、存在する必然性があり、共存していかなければならない。

癌《がん》は西洋医学では悪そのもので、まずは切除しようとするが、日本には癌ですら存在する以上はなんらかの意味があって、共存しようと考える者さえいる。西洋では肉体は部品の集合であって、病気とは悪い部位ができることで、それを取り除くのが治療となる。しかし東洋医学では全体の調和から人間を考える。そのため、西欧医学のように一つの部品を取り替えると、他に影響を与えることになると考え、全体の調和からすべてを判断する。

西洋においては、自然は収奪する資源でしかない。日本のような、かつての農耕社会では、自然の産業たる農業は、生命に不可欠な食材や衣類の原材料を作るものであるが、ただそれだけではなく、景観を保全し、生命連鎖の生物を生かす自然のための産業でもあった。

いま地球環境の悪化と資源の枯渇から、人間が移住できる惑星を探そうとする試みが始まっているが、それは地球を使い捨てにすることに他ならない。そういった人たちが他の惑星に移住できたとしても、またその星を使い捨てにするにちがいない。

環境問題は地球規模の問題であり、二十一世紀の最大の問題の一つであり、人類の生存に関わる問題である。

そういった大きな題材なのにハリウッドは採り上げることができなかった。環境問題を描いていくと「環境を悪化させている人間が悪い」、そして「映画を作っている自分も悪い、映画を見ているお前も悪い」という結論になりかねない。さらに言えば、ハリウッドを抱えるアメリカのような多資源消費型社会が悪だという結論に辿り着かざるを得ない。それはハリウッドにはできない。

しかしそういった最もエンターテインメントにしにくい問題を、宮崎駿は常に描き続け、エンターテインメントとしてきた。ついには『もののけ姫』（一九九七）で、この問題ではエンターテインメントたりえないという破綻《はたん》を繕《つくろ》おうともせず、安易な結論などないということまでさらけ出した。

自然こそ完全なシステム

アン・モロー・リンドバーグは東京滞在中に、茶席に招かれている。そのときの茶人は、こうアンに語りかけた。

「茶室は石や煉瓦でつくられてはおりません。石や煉瓦は人を閉じこめてしまいます。茶席では自然は閉めだされず、いわば自然のただなかの隠れ家といった意味をもっています。」（『翼よ、北に』）

そう茶人が話す間にも、「コオロギのたてる音が聞こえてきた」とアンは書いている。日本人はたとえ、家のような大きな人工物を作っても、自然を排除しないようにし、自然と調和し、自然の一部となるように努めてきた。芸者や芸妓に聞いてみるがいい。「きものでいちばん気をつけていることは何か」と。また料亭で女将に、「お客さんに一番気をつけているのは何か」と聞いてみるがいい。必ず同じ答えが返ってくるはずだ。「季節感です」と。自然と折り合いをつけ、自然の変化を感じ、それに美しさや、また四季が巡り来る喜びを感じる。そして人間ではいかんともしがたい自然のいとなみに謙虚さと美も学ぶのである。

西洋では、より制御できているものを完璧と見なす。

一方、日本では、自然のままをできるだけ崩さないようにする。西洋は完全なシステムを求めて人工物を作るが、日本では自然こそが完全なシステムであり、人工に作り出したものは不完全なものだった。そのため焼き物でも、完全なシンメトリーより、自然な歪《ゆが》みを尊んだ。アンが石畳の不規則な配置に法則を見い出したように、不規則こそが自然の規則なのである。不規則の規則は無限で多様だ。そのため多様であることこそ当然の状態であって、均質は不自然である。

日本では草木一本にも神が宿ると考えてきた。道ばたの野草や、小さな虫でも、人間と同じ命を持っていることを認識し、そういった自然と共存する。そういった思想を欧米では、自然崇拝とかアニミズムと呼び、後進的で下等な宗教観として見なした。西洋の善と悪の二元論と対極にある「八百万の神」や、欧米の人々にとって日本人をわかりにくくしている謙虚で控えめな表現も、存在する以上それぞれに意味や意義があり、ものごとは単純に割り切れないことを示している。それは、西洋からは曖昧《あいまい》さととられるが、それを言い換えれば、多様性の保持ということになる。

異なるものへの寛容さ

戦後初めての歌舞伎の海外公演が、一九六〇年六月から七月にかけて、ニューヨーク、ロサンゼルス、サンフランシスコで行なわれた。「歌舞伎はぜったいに外人に理解されない」という反対を押し切っての公演だったが、大きな成功を収める。

ロサンゼルスでの歓迎パーティーには、ハリウッドの映画人が集まり、六世中村歌右衛門がゲーリー・クーパーと写真を撮ろうとした。その時の様子を、歌右衛門がこう記憶している。「横合いからチョコチョコと駆け寄ってきて、パッと写真におさまっているのがあなた、まだ若手のころのグレース・ケリーさんなのよ」（『広告批評』一九九二年一〇月号）。グレース・ケリーはモナコ王子と一九五六年に結婚しているため、この時には映画界を引退した後で、歌右衛門の記憶違いだ。しかし『女形　六世中村歌右衛門』(演劇出版社　二〇〇一)に掲載されている、その写真にはグレース・ケリーらしき女性が写っている。

二〇年ほど経った一九八一年、モナコ王妃となって来日したグレース・ケリーは、国立劇場の楽屋に歌右衛門を訪ねた。その時の様子を『デイリースポーツ』一九八一年四月一三日号は、次のように報じている。

「劇場に到着された王妃は、歌右衛門の楽屋を訪問され、舞台メーキャップや豪華な衣装の着付けをご覧になった。王妃は、来日に備えて正座を練習をされたといい、楽屋でも用意されたイスを降りて畳の上にきちんと正座され、主人公の役柄などについても熱心に質問された。」

歌右衛門の魅力が王妃を正座させる力を持っていたのかもしれないが、一芸に秀でた人を訪問する態度としてグレース・ケリーがとった行為は人の道として当然のことである。しかし当たり前が故に、この時のグレース・ケリーの行ないはより高貴であった。

いや、かなん!

その反対もある。一九七〇年にあるヨーロッパの皇太子が京都に寄ったときのことだ。舞妓だった岩崎峰子の扇子を取り、勝手に自分の名前をサインしてしまった。

「一瞬、私は『いや、かなん!』と思いました。私のお気に入りの扇子です。それを、こちらの意向を聞くことなく、いきなりサインをして、返してよこされたのです。そうすれば、私が喜ぶと思われたのでしょうか。いくら高貴なお方とはいえ、それではあまりにも失礼ではないかと、私は率直に思いました。(略)私にしたら、大切な扇子に落書きをされたような気分でした。」(『芸妓峰子の花いくさ』)

彼女が皇太子に、サインが入ったものは他の客に失礼なので、「たいへん光栄に存じますが、それ(扇子)はどうぞお持ち帰りください」と言ったところ、「自分のサインがいらないのか」と聞き、はっきり「いりません」と答える舞妓に驚き、「自分のサインをいらないと言われたのは、はじめてです」と言ったという。

一九七五年、皇太子の母である女王が京都を訪問し、料亭に寄ったときも岩崎峰子がその席に呼ばれることになった。京都の代表的な料亭に用意させたのは、フランスの王室でもないのに、「フランス料理のフルセッティングで、純金のナイフ、純金のフォーク、純金のお箸」(前掲書)だった。峰子が「箸をつけられないのですか」と気遣っても返事はなく、女王は出されたフランス料理にいっさい手をつけようとしなかった。すでに襟替《えりが》えをし、舞妓から芸妓になっていた峰子はこう思ったという。

「当日、召しあがるものは、お料理屋さんのほうで勝手に決めるわけではなく、あらかじめ向こうから指示されるのです。万に一つも粗相があってはいけませんから、材料をそろえるのだって並大抵のことではないはずです。それを注文し、つくらせておいて、見向きもしないでは、あまりにも人の心をないがしろにした所行《しよぎよう》というほかありません。」（前掲書）

自らの文化をベストであると思うことは誰でもあることだが、誰もがそう思っているからこそ、互いに認め合わなければならない。それぞれの人たちが愛し、守ってきた文化に順位も優劣もない。自らの文化の優位性への過信と、文化の多様性を認めようとしない偏狭さを、日本の伝統文化の守護神である芸妓は感じ取ったのであった。

六世中村歌右衛門とガルボ

一九六〇年の戦後初の歌舞伎海外公演に同行していたドナルド・リチイが、『藝術新潮』（一九六〇年八月号）に公演の成功を伝えている。その中に、こういう箇所がある。

「ガルボはカブキを見にきて、たちまち、歌右衛門に激しい恋をよせはじめた。ガルボは『道成寺』を見たあとで、『これまでに味わったことのないもっともすばらしい観劇体験』と感動を語った。」（虫明亜呂無訳）

ガルボとは言うまでもなく女優グレタ・ガルボである。一九四一年に銀幕から引退して、一切公には姿を見せなかったため、生きたまま伝説になっていた。二十世紀を代表する女形、六世中村歌右衛門とニューヨークで出会うことになったのである。

この記事によると、歌右衛門に恋してしまったガルボは歌右衛門を楽屋に訪ね、着替えているところを見たいと望んだが、汗だらけの姿を見せるのを躊躇した歌右衛門は断りの理由を伝えさせた。するとガルボは「彼の汗が見たい」と言い出したため、歌右衛門は化粧をととのえ、新たな出し物のために、楽屋から出てくると、ガルボは舞台の袖まで付いていった。舞台の下手で跪《ひざまず》いて出番を待っていると、拍子木が鳴りわたった。記事はこう続く。

「と、ガルボは舞台にはしりより、背後から歌右衛門の肩に手をかけた。歌右衛門がはっとふりかえった時、ガルボは激しく歌右衛門を抱きしめ、体をゆすった」（前掲書）

歌右衛門四三歳、ガルボ五四歳であった。関容子著『歌右衛門合せ鏡』（文藝春秋　二〇〇二）によると、それからニューヨークでの公演は、一日も欠かさず、ガルボは舞台の袖で歌右衛門を見ていたと、後に歌右衛門は回想している。

ガルボのラブレター

ニューヨークでの公演が終わり、ロサンゼルスに移動したとき、ガルボから、ロサンゼルスのグリーク・シアター気付で歌右衛門宛てに電報が届いた。その現物は、早稲田大学の演劇博物館に所蔵されており（館蔵26800）、写真であれば、『女形　六世中村歌右衛門』に見ることができる。宛先が「MR．UTAEMON」となっている電報の文面はこうだった。

「LOVE　LOVE　LOVE」

差出人は「BOWERS　AND　GARBO」となっていている。なぜ、バワーズと連名になったのかについては、歌右衛門自身はこう説明している。

「私がニューヨークから帰るというときに、『LOVE　LOVE　LOVE』という電報をくだすったの。（略）だけど、面白いのは、その電報、私の名前宛じゃなかったの。まずバワーズさんのところに届いて、そこから私のところにきた。（略）電報と一緒に、卵の形をしたピンクの水晶の置き物が届きました。」（『広告批評』一九九二年一〇月号）

一人では直接出すのをためらったガルボが、フォービアン・バワーズから転送してもらったのであろう。フォービアン・バワーズについては、次章で紹介する。

内田吐夢が中村錦之助に惹かれたように、修行によって伝統を継承した美に、ガルボも、グレース・ケリーも惹きつけられたのであった。

第四章　模倣する日本

「まなぶ」は「まねる」

模倣によって欲望の平準化と均一化に最も成功してきたのが、実は日本であった。海外からも、常に真似るのに長けた国であると言われ続けてきた。『ペリー艦隊日本遠征記Ｖｏｌ・Ｉ』には、既に次のような記述がある。

「日本人は外国から持ち込まれた目新しいものを素早く調べて、その製造技術をすぐに自分のものとし、非常に巧みに、また精緻に同じものを作り出す。」

「まなぶ」と「まね」は同じ語源から来ており、真似ることは批判される行為ではなく、何かを学ぶためには模倣から始めなければならないと考えられていた。「模」範といった言葉どおり、いいものは真似なければいけないし、「形から入る」という芸能の伝統も、模倣の価値を積極的に認めてきた証左といっていいだろう。これは日本に限ったことではなく、アリストテレスは『詩学』で、詩（芸術）を「模倣の技術（ミメーティカイ・テクネー）」と呼んでいる。

古来から、優れたものが必ず海の向こうにあり、それをなんとか日本に持ち込み、平和な日本という培養器で醸成《じょうせい》させてきた。日本は常に海外に学ぼうと努力してきた。一八七三（明治六）年に来日したＢ・Ｈ・チェンバレンも、日本人の国民性として「外国を模範としてまねするという国民性」(『日本事物誌』高梨健吉訳　平凡社　一九六九)を挙げている。

海外の文物を知りたい、海外から学ぼうという姿勢は身に付いたもので、こういった知的好奇心は上流階級だけでなく平民にも同じようにあり、ペリーの遠征記には次のような記述がある。

「上流階級の人々が帆船や蒸気艦の上で目にする珍しいものになんでも知的な関心を示したように、庶民もアメリカ人が上陸するたびに、その衣服や身体に関することをなんでも執拗な好奇心を示した。日本人は町を歩く士官や水兵を取り囲んでは、身ぶり手ぶり身体や衣服の各部分、帽子から靴にいたるまで、その英語名をたずね、紙と筆を取り出しては覚えたての英単語を書き留めるのだった。」(『ペリー艦隊日本遠征記Vol.Ⅰ』)

中国から西洋へ

文字も中国から輸入し、公式の文章は漢文で書き、法律や都市計画も中国に倣った。自国の歴史よりも中国の歴史を学ぶことこそが教養とされていた。

江戸時代の鎖国によって、中国の文化圏外に逃れることになったが、日本では、既にあるものを洗練させたり、過去の優れたものを復元したりする努力が讃《たた》えられてきたため、中国の影響は長く残った。谷崎潤一郎は言う。

「文学芸術にしても、われわれの理想とするところは前人未踏の新しき美を独創することにあるのではなく、いにしえの詩聖や歌聖が至り得た境地へ、自分も到達することにあった。」(『谷崎潤一郎随筆集』)

そのため、「前人未踏の新しき美を独創する」ためには、日本から離れるか、孤立無援でやっていくしかなかった。谷崎の指摘は、村上隆の活動を言い当てている。村上が学んだ日本画は、「古《いにし》えに復《かえ》すことを理想」(前掲書)とする思いが大なり小なり込められているため、どんなに優れた作品を描こうが、古い日本画のほうが評価が高く、それを超えられない。村上が、「前人未踏の新しき美を独創する」ためには、日本画ではない、新しい「日本」画を作り出すほかに道がなかった。

江戸時代には、「中国史を知らないと教養の軽重を問われるが、日本史を知らなくても恥にはならなかった」(司馬遼太郎《しばりようたろう》『街道をゆく』朝日文芸文庫　一九九六)。漢詩を吟じ、水墨画を描くことが武士のたしなみであり、ペリーが来航したときにも書面を漢文で書くか和文で書くか真剣に議論したくらいだが、少なくとも社会生活では鎖国によって、中国を模倣するということは一端途絶えることになった。そして長い平和が、独自な文化を醸成させていたが、ペリー艦隊の来航によって、またもや模倣すべきものがもたらされてしまう。
夏目漱石《なつめそうせき》は、模倣対象の転換を身をもって体験することになる。「余は少時好んで漢籍を学びたり」（『文学論』序）と記している漱石は、少年のときに東京府立第一中学から、漢学に重きを置いた漢学塾二松学舎に転じている。しかし大学予備門に入学するためには英語が必須の条件だったので、やむを得ずさらに英語学校成立学舎に転じている。時代が変わっても、中国が西洋に入れ替わっただけであった。

文化を捨て去る

ペリー艦隊来航以来、日本は欧米の列強から開国を迫られた。海外ではアジアの多くの国々が植民地化され、日本が常に範をとっていた大国、中国さえもアヘン戦争で、イギリスのわずかな兵隊に負けてしまい植民地化されてしまった。植民地化される恐怖にさらされ、明治政府は国力の向上のため「富国強兵《ふこくきょうへい》」「殖産興業《しょくさんこうぎょう》」を強力に押し進め、欧米に学ぶことにした。

このような急激な「文化大革命」が激しい抵抗もなく推進できたのは、以前に経験済みのことであったからだ。遣唐使《けんとうし》や遣隋使《けんずいし》を派遣し、専門家を招いて中国に学んだのが、学ぶ対象が西洋に代わっただけだった。またもや日本は同じところに立ち返ってしまった。優れたものは海の向こうにある。

そのため、日本の伝統的なものを、すべて古くさいものと貶《おとし》め、捨て去ろうとした。政府は身だしなみにまで口出しし、欧化を推し進めた。山下悦子《やましたえつこ》によると、「明治政府は朝令暮改《ちようれいぼかい》を繰り返し、公家の装束は冠婚葬祭用に、武家の服飾は廃止とさだめ、天皇は軍服・背広を用いた。官吏は洋制服と定めた」(『美しいキモノ』二〇〇二年秋号)。そのため、きものは格下の服と見なされ、外に出ることの多い男のきものから消えていく運命となった。皇后のきもの姿は見たことはあっても、天皇のきもの姿を見た人はいないはずだ。明治時代に「官吏は洋服を着ること」と決めたことが、先のツーさんの「ツムギを着て出勤したら、役所じゅうで大笑い」につながっていく。このときも、日本女性がきものを着続けて、きものの滅亡を阻止した。かつて漢文を重視した時代にあっても、女性が書き言葉で大和言葉を使い続けたため、それらがかろうじて残ったように。

日本語を捨てる

明治以降、日本語を捨てて欧米の言葉にしようという提案が幾度となくなされた。明治時代には、初代の文部大臣であった森有礼《もりありのり》が国語を英語にすることを提案し、西周《にしあまね》はローマ字で綴ることを提唱した。二葉亭四迷《ふたばていしめい》は、世界共通言語であるエスペラント語の普及に努めた。戦後になっても作家の志賀直哉《しがなおや》は、雑誌『改造』一九四六年四月号に、「国語問題」という小文を寄せて、公用語をフランス語にしようと提唱した。その理由をこう述べている。

「そこで私は此際、日本は思ひ切つて世界中で一番いい言語、一番美しい言語をとつて、その儘《まま》、國語に採用してはどうかと考へてゐる。それにはフランス語が最もいいのではないかと思ふ。」

志賀直哉の弁からすると、フランス語に比べて日本語は美しくないということになる。たしかに日本語の文字自体が、中国から輸入された漢字をもともとの日本語に無理矢理当てはめたものであるため、混乱が続いている。たった一〇〇年前の文章が、既に読みこなせないものになっている。昔は日本と同じように中国文化圏にいた朝鮮も漢字を使っていたが、一四四三年、世宗大王は朝鮮語で「大いなる文字」という意味の「ハングル」という固有の表音文字を創案し、三年後に公布した。中国と国境を接しているために、自国文化の独自性を維持するには、それなりの努力が必要だった。

日本にも、ハングルのように漢字から離脱しようという試みがなかったわけではない。梅棹忠夫は、漢字を減らして日本語をできるだけ平明に書くことを提案した。梅棹と同門の京都学派と呼ばれる学者たちには、梅棹の提案を実行している人も少なくなく、それらの人々の文章が印刷されたものは、漢字が少ないので紙面が白っぽい。

しかし日本では漢字そのものが文化として成熟し、結果的に日本が漢字の最後の砦となっている。朝鮮ではとっくに漢字を捨て、中国本土ですらも簡略体になったいま、漢字を守っているのは日本くらいなのだ。

いまではコンピュータで文字を書くことが増えたが、ローマ字入力で、日本人は外国の文字を無理矢理当てはめることを強いられている。日本語を一度、アルファベットに分解する過程を経なければ、日本語を書けないのである。慣れれば無意識にできるとはいえ、無駄なことをやらされ、書くという行為にいらぬ負荷をかけていることには間違いない。

文化は肉体に及ぶ

大森貝塚《おおもりかいづか》を発見したエドワード・モースやラフカディオ・ハーンなど、多くの西洋人が、きものこそ似合う日本人が似合いもしない洋服を着ることを哀れんでいる。

洋医、洋画、洋学、洋楽、洋菓子、洋芥子《ようがらし》、洋瓦、洋館、洋弓、洋教、洋琴、洋銀、洋釘、洋鶏、洋犬、洋剣、洋語、洋行、洋才、洋菜、洋裁、洋数、洋紙、洋字、様式、洋室、洋種、洋酒、洋書、洋食、洋船、洋装、洋爪、洋刀、洋灯、洋綴じ、洋梨、洋生《ようなま》、洋舶、洋鋏、洋髪、洋盤、洋品、洋舞、洋風、洋風画、洋服、洋物、洋文、洋癖、洋本、洋間、洋もく、洋蘭、……。

欧化政策によって、和ものが洋ものに置き換えられ、「洋」の付く言葉が氾濫するが、外国からすれば、「洋」とはフェイクであって本物ではないということである。

欧化は肉体にまで及んだ。眞嶋亜有《まじまあゆ》によると、「田口卯吉《たぐちうきち》や海野幸徳《うんのこうとく》、大隈重信《おおくましげのぶ》をはじめとする知識層は日露戦争前後から、『一等国』に相応《ふさわ》しくない日本男子の容貌の『醜悪』を嘆き始める」(http://web.hc.keio.ac.jp/~asuzuki/BMC-HP/pastaction/past2001/mainframe2001.html#mashima)。軍事に向き、労働に向いた肉体に改造しようとして、近代スポーツを取り入れた。日本人が西洋人になれるはずもないのに、西洋人に近づくという目標を設定したため、日本人は自らの身体に、いまに至る劣等感を植え付けられてしまう。

島崎藤村《しまざきとうそん》の『夜明け前』は、この時代を取り残された者の目から描いた。

「気の早い手合いの中には、今に日本の言葉もなくなって、皆英語の世の中になると考えるものもある。皮膚の色合いも白く鼻筋もよくとおった西洋人と結婚してこそ、より優秀な人種を生み出すことができると考えるものもある。こうなると芝居の役者まで舞台の上から見物に呼びかけて、『文明開化を知らないものは、愚かでござる。』と言う。五代目音羽屋のごときは英語の勉強を始めたと言って、俳優ながら気の鋭いものだと当時の新聞紙上に書き立てられるほどの世の中になって来ていた。」（島崎藤村『夜明け前　第二部（下）』岩波文庫　一九六九）

「和魂洋才《わこんようさい》」と言いつつも、形から入れば、当然精神に至る。ハリウッド映画『ラスト　サムライ』もまた、この時代に取り残された者を描いた作品だった。

日本がイギリスに

欧化政策の理論的支柱として、啓蒙活動を積極的に行ない、最も影響力を持った文化人が福沢諭吉であった。西洋の思想や情勢の紹介を行ない、わかりやすく印象的な言い回しで説いたため、影響は絶大だった。

彼の代表的著書『文明論之概略』の巻之一、第二章では、「西洋の文明を目的とする事」と明言し、一八八二年に「亜細亜の東辺に一大新英国を出現する」（『福沢諭吉選集　第七巻』岩波書店　一九八一）というような表現で、イギリスになることが目標であると表明している。

若き日に蘭学を学び、役に立たないと英学に転じた福沢は、日本の近代化の遅れの原因を、これまで日本の学問の基礎をなしていた中国と見定め、中国を口をきわめて批判した。敵の敵は味方の論法も手伝ってか、中国を植民地化したイギリスを、理想の国であるかのように紹介した。彼の啓蒙もあって、日本人は、国の独自性よりも、西洋との比較でもって国の価値を推し量るようになってしまった。

明治政府から招聘《しょうへい》され、二五歳で東京大学工学部の前身である工学部大学校を開設したヘンリー・ダイアーは、日本に九年間滞在した。彼は、日本の未来を案じて一九〇四（明治三十七）年に、こう詠嘆した。「願わくば、日本が西洋を代表するイギリスのことをそっくりまねをしようとしたりしないでほしいものだ」（『大日本』平野勇夫訳　実業之日本社　一九九九）。わが国が生んだ世界的キャラクター、ハローキティはロンドン生まれになっている。

福沢はさらに、一八八五（明治十八）年には、日本はアジアから離脱したほうがいいととれる発言を行なう。

「我日本の国土は亜細亜の東辺に在りと雖《いえ》ども、その国民の精神は既に亜細亜の固陋《ころう》を脱して西洋の文明に移りたり。然《しか》るに爰《ここ》に不幸なるは近隣に国あり、一を支那と云い、一を朝鮮と云う。」（『福沢諭吉選集　第七巻』）

そして、こう締めくくった。

「我れは心を於《お》いて亜細亜東方の悪友と謝絶するものなり。」

脱亜入欧

この「脱亜論」という題名の論文から、「脱亜入欧《だつあにゅうおう》」という言葉が生まれた。この言葉が一人歩きして、日本はアジアの一員でなく、西洋の一員たらんことを目的にすべきだと受け取られた。しかし、日本はアジアから離れることなど物理的にできるはずもなく、また東アジアと稲作などの文化を共有している。

政府や福沢を代表とする文化人が、欧米や、肌の色で見た目にも違いが明白な欧米人への帰属意識を設定したため、日本人が日本人や日本文化をないがしろにするようになった。時代劇では、江戸時代に為政者が民にむごい仕打ちをしているように描かれることが多いが、外国人が残した記録によると、そうではなかったことが、『逝きし世の面影』の第三章に詳しく紹介されている。しかし明治維新後、あらゆる点で欧米人に比べて劣っていると、自らの政府や文化人から断定され、なれもしない西洋人になれと言われ、アイデンティティーを剥奪《はくだつ》された日本人は、西洋人でない同胞を軽んじ、自国の歴史を引きちぎるがごときことを平気でやるようになった。

そして日本が植民地化されなかったことも手伝って近親憎悪に近いものとなり、植民地化されていたアジアの国々をないがしろにし、その人々を同胞以上に軽んじ、福沢が中国と韓国を「悪友」と呼んだように、侮蔑《ぶべつ》的で尊大な態度をとるようになった。それが、いまに続く、中国や韓国の反日感情を生む原因となった。

そういった過ちを繰り返さないようにするためか、一万円札に「脱亜入欧」の提唱者の肖像画が印刷されており、一万円を見るたびに反省を促《うなが》してくれる。二〇〇〇年になって、あるアジアの国の外交官が、「日本が『われわれアジア東方の悪友を謝絶するものなり』と脱亜論を言い切った福沢諭吉を、いまだに紙幣に印刷しているのはどうかと思う」という新聞に寄稿したこともあった。

日本に生まれた自分の不幸

西洋の模倣がどのような効果をもたらしたかを知るには、谷崎潤一郎の回想で十分であろう。

「あの頃の私は、帝国館やオデオン座あたりに行って西洋映画を見るより楽しみはなかったものであるが、(尾上)松之助の映画と西洋のそれとの相違は、即ち日本と欧米との相違であるとしか思えなかった。私は西洋映画に現れる完備した都市の有様を見ると、ますます東京が嫌いになり、東洋の辺陬《へんすう》に生を享《う》けた自分の不幸を悲しみもした。もしあの時分に金があり、妻子の束縛がなかったならば、多分私は西洋へ飛んで行って、西洋人の生活に同化し、彼等を題材に小説を書いて、一年でも多く向うに留まっていたであろう。(略)私の生活様式は、衣も、食も、住も、ひたすら西洋人の真似をして、及ばざらんことを恐れるようになって行ったが、そういう私に東京が面白いはずはない。(略)西洋の映画で仕込まれた智識に依ってモーニングからタキシードまで一通り揃え、ネクタイの蒐集《しゅうしゅう》までもして、まず外見はハイカラな紳士が出来上がる。(略)私の求めるものは、生き生きとした眼と、快活な表情と明朗な音声と、健康で均斉の取れた体格と、そうして何よりも、真っ直ぐな長い脚と、ハイヒールの沓《くつ》がぴっちり嵌《はま》る爪先の尖った可愛い足と、要するに、外国映画のスタアの肉体と服装とを備えたような婦人であった。」(『陰翳礼賛《いんえいらいさん》　東京をおもう』)

谷崎はさらに過激なことを言っている。「西洋文明の模倣を目撃して、格別の喜びを感じるものでなければ、その模倣の度が足りないことに不満」（前掲書）であり、「東京をおもう」という随筆には、震災で東京が完全に破壊されれば、早く西洋化されるとまで思っていたら、本当に関東大震災が来たことが書かれてある。

さまよう世代

谷崎潤一郎は、「東京が西洋化した頃には、いつか自分が西洋嫌いになっている私」（前掲書）となり、「洋風生活におさらばを告げる」（前掲書）と宣言するまでに日本回帰をしたが、政府から「西洋人たれ」と命令されたも同然の日本人は、それがトラウマとなり、本当に西洋人に同化する者も少なくなかった。

谷崎が言う、西洋に「一年でも多く向うに留まっていた」ら、日本人はどうなるか。一八五〇年代に中国からアメリカへの移民が始まり、一八八〇年代に日本人が続いた。中国の移民のほうが早かったわけだが、中国系アメリカ人は何世になろうが、自らの出自の言葉を話せるが、日系アメリカ人は二世で日本語が話せなくなる人のほうが多くなると言われている。

つまり、民族への帰属性が日本人のほうが低いのだろう。

同じことを私は大学生のときに体験した。

私が通っていた大学は、アメリカ式の教育で知られ、アメリカの大学と交換留学を積極的に行なっていた。交換留学を終えてアメリカから帰ってくると、日本語がひどいアメリカ訛りになっている者が少なからずいた。特に女子学生に多く、たった一年間の滞在なのに、生まれながらの日系二世のようになった。アメリカ人でさえ日本にいれば、日本語が上手になっていくのに、「言葉訛りは国の手形」とばかりに、彼らのアメリカ訛りは消えることがなかった。

岸恵子は、「タレント」という言葉をめぐって書いた随筆がある。私も芸者や芸人こそが、才能という本来の意味からすれば「タレント」と訳されるべきだと思うが、それはともかく、テレビ番組で一緒になった女性「タレント」が、こう言ったという。「あたし外人に生まれたかった」（『30年の物語』講談社文庫　二〇〇三）。少年少女は、髪や肌、そして目の色まで変え、「『一等国』に相応しい日本男子」と日本女子になろうとしているのである。

ファッションデザイナー山本耀司は、西洋のものは日本のものよりも優れていると信じ込まされ、欧米を見習い、日本文化を無視するように教育されたとして、自らの世代を「さまよう世代」（川村由仁夜『「パリ」の仕組み』）と命名している。「さまよう世代」の帰結は簡単に想像がつく。小松《こまつ》左京《さきょう》の小説『日本沈没』は日本がなくなるまでを描いているが、その後の日本人を想像してみるがいい。

それこそ、日本人が世界中をさまよったら、ユダヤ人のように二〇〇〇年後も日本人としてのアイデンティティーを持ち続けているだろうか。

文化普及の先兵、科学技術

第一の模倣が中国で、第二の模倣がヨーロッパで、第三の模倣がアメリカだった。第三の模倣は、自ら模倣しただけでなく、模倣を強制された。三つの模倣に共通しているのは、すべて科学技術の遅れを自覚して、始まっていることだ。日本人は、最新の科学技術を手に入れるためには、どんな犠牲もいとわなかったとも言える。江戸時代までの教育を見ればわかるように、自らの歴史を振り返ることもなく、歴史までも犠牲にしてきた。

第二次世界大戦の敗戦は、科学技術の差によるものだと認識し、また認識させようとしたことは、終戦直後の八月二十日、『朝日新聞』に掲載された「科学立国へ」によく表われている。

「われわれは敵の科学に破れた。この事実は広島市に投下された一個の原子爆弾で証明される。」

科学技術を取り入れるとき、日本は西洋の科学技術の背景にある思想性と相容れない自国文化を破棄することを選択してきた。そのほうが、西洋の科学技術を効率的に導入でき、社会的コストが安かったからである。敗戦後は廃棄を強要されたため、自国文化廃棄は一層、大規模なものとなった。

欧米は自国文化の普及に使命感を持っていた。かつてカトリックが、便利なものを与える代わりに宗徒になるようにして布教したように、科学技術は文化普及の先兵となることが多かった。

文化の野蛮人、マッカーサー

占領時代、ダグラス・マッカーサーは最高権力者として、文化面も含めて日本のすべての政策決定権を持っていた。

マッカーサー本人の文化的な行為を、いくつかの資料をつき合わせると、彼の副官だったフォービアン・バワーズの証言にほぼ間違いない。

「劇場に入ったことは一度もない。シンフォニー・オーケストラを聴いたことは一度もない。バイブルを除いて一冊も本を読まない。見るのは映画だけ。それも西部劇ばかりだ」（岡本嗣郎『歌舞伎を救ったアメリカ人』集英社文庫　二〇〇一）。そし音楽を専門的に学んだことのあるバワーズはマッカーサーをこう結論付けている。「マッカーサー元帥は文化の野蛮人」（前掲書）と。

そのマッカーサーは文化行政は担当者に任せきりで、彼が文化面で唯一関心を持っていたことはキリスト教の普及だった。マッカーサーが民間情報教育局（ＣＩＥ）の担当者に「キリスト教徒は戦前日本に何人いて、戦後何人になったのか」というメモを送った。「戦前は二〇万人で、戦後は二万人」と答えたところ、それでは十分ではないということで突き返されたので、ゼロをいくつか適当に書き加えたメモをＣＩＥ局長はマッカーサーに提出した。マッカーサーは、届いたメモをもとに「この国には戦前には二〇万人いたキリスト教徒が、いまでは二〇〇〇万人になっている」と演説した。

以上のことは、一九六〇年にコロンビア大学がバワーズに行ったインビュー（The Reminiscences of Faubion Bowers, Oral History Research Office, Columbia University, 1960）で語られたことであるが、バワーズ自身が「正確なことは忘れた」と述べているように、マッカーサーの記録にはそういった発言を確認できない。ただ、戦後、つまり自分の力によって、日本でキリスト教徒が増加したと誤解していることは次のような資料から確認できる。

マッカーサーは、アメリカのある新聞にこういう手紙を送っている。

「私たちはむろん、キリスト教思想の歴史的発展を研究することをできるだけ奨励するつもりである。キリスト教のゆるぎない教義に占領政策のあらゆる面を適合させ、また占領軍の全員がそれを実践するという生きた模範を示していることにより、必然的にキリスト教についての初歩的な理解が生まれてくると思う。(略)多くの人々が正式にキリスト教に帰依しているほか、国民の大きい部分がキリスト教の根底をなす原則と理想を理解し、実践し、敬愛しようとしている。」(ダグラス・マッカーサー『マッカーサー大戦回顧録下』津島一夫訳　中公文庫　二〇〇三)

ペリー艦隊の国旗

マッカーサーは回顧録にこうも書いている。
「ポケット版聖書連盟は私の要請で一千万冊の日本語の聖書を配布した。占領期間中に、日本は徐々にではあったが、はっきり精神的な衣がえがはじまってきた」(前掲書)
日本を統治していた最高権力者には、政教分離などということは眼中になかった。マッカーサーは、ペリーが目論《もくろ》みつつもなしえなかったことを実現しようとしたのであった。

『ペリー艦隊日本遠征記』はこういう書き出しで始まる。

「日本という帝国は、昔からあらゆる面で有識者に並々ならぬ関心の的となってきた。加えて、二〇〇年来鎖国政策は、この珍しい国の社会制度を神秘のベールで覆い隠そうとした結果、日本への関心はますます高まった。キリスト教国の日本に対する好奇心はいまだ衰えることを知らず、様々な分野の熱心な研究家達の中には、当然、この自ら孤立を選んだ国についての知識を少しでも増したいと切に願う人々がいる。」

少しおいて、こう続く。

「いつか日本人をキリスト教世界に引き入れる日の来ることを願わずにはいられない」

要するに、ペリー艦隊来航には日本をキリスト教国にしようという目論見があった。当時、列強による植民地化が進む中、アジアにおいて、キリスト教国ではない国で植民地化されていないのはタイと日本だけだ。

一八五三年のペリー来航から九二年を経て、「多くの人々が正式にキリスト教に帰依している」と断言するに至ったマッカーサーは、その根拠となるデータが間違いとも知らずに、ペリーたちの目的は達せられたと思ったに違いない。

一九四五年九月二日、戦艦ミズーリー号で降伏調印式が行なわれたとき、額縁に入れられたペリー艦隊のポーハンタン号の国旗が飾られていた。

科学技術という神

ペリーやマッカーサーはキリスト教の布教を目論んでいたが、期待したほどには成果が上がらなかった。韓国やフィリピンのキリスト教信者数を考えれば、失敗したと言っていいほどだ。多神教の神道と、他の宗教に寛容な仏教が中心の日本にあって、日本が受け入れた一神教があるとすれば、それは科学技術である。

アメリカとの戦いに敗れた日本は、敗戦の原因を科学技術の差だと思い知った。その思いは、万人に共有された。科学技術は戦後の日本で、これまでの宗教の役割を果たした。科学は万能で、世界の構造を解き明かし、人々を幸せにする。そう人々は信じた。そう信じることで、いまそこにある苦渋を堪え忍び、楽しみを先送りにすることができた。かつて、あの世の存在を信じることで、この世の苦労を堪え忍んだように。一九七〇年の大阪万博は、科学技術という神が未来という夢を分け与える最大の宗教行事であった。

時が過ぎ、約束された技術は確かに手に入ったけれど、いつまでたっても科学技術が約束してくれた幸せで楽しい暮らしはやってこないばかりか、昔は父親だけで一家を養えていた生活が、夫婦二人働かないと維持できなくなってしまった。

科学は完全なシステムを人工的に作り出すことを目指すため、人工的なものこそ完全であるとする。しかし日本人は自然こそが完全なシステムであるとしたため、二つの考え方は相容れないものだった。こういった相容れないものが共存するところに、実は日本の柔軟な強さがあるのではなかろうか。

日本人の好みは変えられる

マッカーサーは、アメリカのウェイ・オブ・ライフ（生活様式）こそが最高であると心から信じ、使命感をもってアメリカのウェイ・オブ・ライフを日本に広めようとしていたし、日本人にとっていいことだと心底思っていた。衣食住、そして映画や音楽なども、アメリカのものが最高のものであると信じて疑わなかった。多様な文化が存在し、それぞれに存在する価値があるなどということは、考えもせず、多様性を認めなかった。

もっとも、それはマッカーサーだけでなく、アメリカ人に共通することかもしれず、岩崎峰子は舞妓と芸妓の経験から、「ヨーロッパの方には他の文化を認めるという姿勢がありますが、アメリカの方は欧米が一番、とくにアメリカが世界一、といった狭い考えをする人が多いようです」(『祇園の課外授業』)と述べている。

マッカーサーの総司令部(GHQ)は、日本人にアメリカの生活様式の模倣を誘導した。時には映画を使い、時には野球を使い、衣食住を明治時代の欧化から、アメリカ化に移行させようとした。その一例を紹介しておこう。

GHQは大豆は食料に使うように指導したため、大豆を原料とする醤油《しょうゆ》は生産できなくなる。大豆をまわすように嘆願に来た醤油業者に対して、大豆の配給を管理していたGHQ経済科学局の主任担当官アップルトン女史は、こう言ったと伝えられている。「日本人の味の好みなど、すぐ変えられる」。

しかし度重なる上申にアップルトンは折れたが、アメリカ食の攻勢によって、その後まもなく一五〇〇の醤油工場は閉鎖に追い込まれ、日本の食文化は彼女の言葉通り急速に変わっていく。

フォービアン・バワーズと歌舞伎

GHQにあっても、本当に日本の文化の理解者であったと誰もが認めるフォービアン・バワーズのような人物がいなかったわけではない。

歴史に「もしも」ということはないと言うが、もしあのとき、あの場所にフォービアン・バワーズがいなければ、日本の歌舞伎はなくなっていたかもしれぬ。終戦直後を知る歌舞伎関係者は必ずそう言う。なくなっていなくとも、中国の文化大革命で京劇が体験したような伝統の断絶が起こり、歌舞伎がいまのようなものではなくなっていたことは間違いない。

バワーズはジュリアード音楽院を退学して、インドネシアへ音楽を調べる旅に出た。彼が乗った船は、一九四〇（昭和十五）年三月、横浜に立ち寄った。停泊中に東京観光に出向き、寺だと思い、間違って入った建物が歌舞伎座だった。そこで見た『忠臣蔵《ちゅうしんぐら》』に魅せられ、バワーズは一年間日本に滞在して、日本語を勉強し、楷書《かいしょ》も行書《ぎょうしょ》も読めるくらい日本語が堪能《たんのう》になる。余談だが、後にジュリー・テイモアは日本で文楽を学ぼうと計画していながら、インドネシアに魅せられて滞在してしまうという逆のコースを辿る。

日本語に堪能なバワーズは、戦後、マッカーサーの通訳を兼ねた副官として再び日本に戻ってくる。先遣隊《せんけんたい》として厚木飛行場に降り立ったとき、待ちかまえる新聞記者たちに発した言葉は、あまりにも有名だ。

「羽左衛門《うざえもん》はお元気ですか」

羽左衛門とは、歌舞伎俳優の十六世市村羽左衛門のことである。

GHQは、歌舞伎を仇討《あだう》ちや切腹《せっぷく》など、日本の古い因習を伝える手段として考え、多くの演目を上演禁止とし、可能ならば歌舞伎そのものをやめさせようと目論んでいた。バワーズは、歌舞伎を守るため、演劇の検閲官となることを願い出て、認められる。検閲官は民間人でなければならなかったので、軍人の地位も失い、高給も失い、マッカーサーと昭和天皇の歴史的会見に立ち会うといったマッカーサーの副官の要職を捨ててまで、歌舞伎を守ろうとした。

バワーズは歌舞伎を守るため奔走しただけでなく、食べるものにも事欠いていた歌舞伎俳優たちをなにくれとなく手助けした。彼の尽力の甲斐《かい》あって、歌舞伎の上演は全面的に解禁されたのであった。

なぜアメリカ人であるフォービアン・バワーズが、そうまでして歌舞伎を救ってくれたかは、バワーズ本人が一九九九年十一月二十日に他界したため、もう彼の口から聞くことができない。

幸い岡本嗣郎が生前のバワーズを取材し、『歌舞伎を救ったアメリカ人』が残され、彼の人生を知ることができる。それによると、バワーズがアメリカ先住民（インディアン）の血を引いていることや同性愛者であったことなど、歌舞伎に魅了された理由らしきものに気づくが、やはり、最大の理由は、模倣ではない日本独自の美にバワーズが魅了されたからであろう。

柴田秀利という男

しかしバワーズを偲《しの》ぶたびに、判然としないことがある。歌舞伎を守るために、日本人は何もしなかったのかということだ。もちろん歌舞伎関係者は抵抗しただろうが、それ以外の日本人は「総懺悔《そうざんげ》」でGHQが言われるがままだったのか。いや、そうではない。歌舞伎関係者でない人間が、歌舞伎を守るために動いたという記録がある。柴田秀利《しばたひでとし》の自伝『戦後マスコミ回遊記』（中央公論新社　一九八五、電子版及びオンデマンド版はボイジャー　二〇一二）である。

「当初司令部は、歌舞伎の目玉ともいうべき忠臣蔵を、彼らにとって最も危険な復讐劇と見て上演禁止にした。（略）私にとっては大変頭にきた問題だった。それに文句をつけ日本演劇の伝統から説いて、一般民衆の心にどのようにしみついているかを話し続けた。撤回させるまでには随分と時間を食ったが、その緒を拓いてくれたのがキースだった。」

キースとは、演劇課長だったハル・キースのことで、柴田と「個人的に親友となった」キースは、歌舞伎界に対して高圧的だったとして、評判が悪い。キースは、後に配属されたアール・アーンストとともに歌舞伎の検閲に携わり、キースの帰国後、バワーズがマッカーサーの副官を辞し、歌舞伎の検閲官になる。歌舞伎の歴史書にも柴田の名前は見当たらないので、たぶん柴田らしく黒幕としてキースに掛け合ったのであろう。

一九五〇年十一月二十八日の『産業経済新聞』の朝刊に次のような記事が掲載された。「日本全国にテレヴィ放送網　米、四六〇万ドルで建造計画」という見出しで、冷戦の反共活動のため、一九五〇年六月に「ボイス・オブ・アメリカ」を設立したカール・ムント上院議員が、同じ目的のテレビ・ネットワークを建設する必要があるとして、まずテレビ放送が始まっていない日本とドイツで開始したいというものだった。この時にも柴田がアメリカに乗り込んでいって、止めさせている。

日本のテレビ放送事業も、原子力利用も、ゴルフブームも、柴田が道を拓《ひら》いたものであることを、日本人が知らないように、歌舞伎関係者も柴田の働きかけを知らなかったのだろう。この一代の怪男児は時代に多くの足跡を残しても、それをこれみよがしに自慢することはなかった。

ストラミジョリ女史と『羅生門』

一九五一年、ベネチア映画祭の事務局は、日本映画の選出を、日本のイタリア・フィルム社長ジュリアーナ・ストラミジョリ女史に依頼する。ストラミジョリ女史は戦前に京都大学で学び、在日イタリア大使館、イタリア文化会館、東京外国語大学を経て、イタリア映画を日本に紹介する「イタリア・フィルム社」を一九四八年に設立し、『自転車泥棒』(監督：ヴィットリオ・デ・シーカ　一九四八)、『にがい米』(監督：ジュゼッペ・デ・サンティス　一九四八)、『無防備都市』(監督：ロベルト・ロッセリーニ　一九四五)、『道』(監督：フェデリコ・フェリーニ　一九五四)、『屋根』(監督：ヴィットリオ・デ・シーカ　一九五六)などを日本に紹介していた。

彼女は、何十本と日本映画を見ている中で『羅生門』をベネチア映画祭に出品することを、製作会社である大映に勧める。しかし、「この作品の製作に難色を示し、できあがった作品についてはまったくわけがわからんと憤慨して、その製作を推進した重役やプロデューサーを左遷」(黒澤明『蝦蟇《がま》の油』岩波現代文庫　二〇〇一年)までした社長、永田雅一《ながたまさいち》の意向もあってか、大映は字幕を入れる費用がかかることを理由に出品を渋る。

ストラミジョリは自費で字幕を入れてでも出品したいというので、大映はしぶしぶ字幕を入れて出品する。黒澤には出品したことすら知らされていなかった。しかし、永田のみを責めることはできない。映画雑誌『キネマ旬報』のベストテンでも、『羅生門』は五位に止まっている。

しかし、『羅生門』は第十二回ベネチア映画祭でグランプリ（金獅《し》子《し》賞）に選出される。授賞式に日本人関係者は誰一人出席していなかったため、主催者が町で「日本人に似た人」を探し、授賞式の壇上に上げた。その「日本人に似た人」はヴェトナム人だったと伝えられている。グランプリ受賞を聞いた永田は、グランプリの意味を知らず、「それは何だね」と聞き返した。そして後日、第二十四回米アカデミー賞特別賞（最優秀外国映画賞）も受賞し、さらに時は流れ、一九八二年、ベネチア映画祭五〇周年記念の歴代グランプリ作品中のベストに『羅生門』が選出され、「獅子の中の獅子」を受賞する。『羅生門』のベネチア映画祭での受賞は、日本だけでなくアジアで優れた映画が作られていることを示し、サタジット・レイなどの作品が海外に紹介される道をつける。

島崎藤村、谷崎潤一郎、黒澤明の詠嘆

そして黒澤明は、先人たちと同じように詠嘆せざるをえないのである。

「日本人は、何故日本という存在に自信を持たないのだろう。何故、外国の物は尊重し、日本の物は卑下《ひげ》するのだろう。歌麿《うたまろ》や北斎《ほくさい》も写楽《しゃらく》も逆輸入されて、はじめて尊重されるようになったが、この見識の無さはどういうわけだろう。悲しい国民性というほかない。」（『蝦蟇の油』）

島崎藤村は、明治維新のありさまを『夜明け前』でこう概括した。

「幾世紀をかけて積み上げ積み上げした自国にある物すべて価値なき物とされ、かえってこの国にもすぐれた物のあることを外国人より教えられるような世の中になって来た。」（『夜明け前　第二部（下）』）

谷崎潤一郎も、一九三一（昭和六）年に発表した随筆にこう書いている。

「われわれはしばしば、浮世絵の美は西洋に依って発見され、世界に紹介されたもので、西洋人が騒ぎ出すまでは、われわれ日本人は自分の有するこの誇るべき芸術の価値を知らなかったということを聞く。」（『谷崎潤一郎随筆集』岩波文庫　一九八五）

西洋人とは、ラフカディオ・ハーンであり、E・F・フェノロサ、ブルーノ・タウトであろう。そして戦時中も第二次世界大戦後も、フォービアン・バワーズ、ジュリアーナ・ストラミジョリと、繰り返されるのである。

日本の目標が欧米の模倣と設定されているため、日本は評価軸を失い、欧米で認められない限り、日本のものは格下であることを強いられる。

鉄腕アトムのジレンマ

二〇〇三年三月に急逝した松本元《まつもとげん》は、人間の脳の機能を次のように簡潔に説明している。「脳は、思えばそのことをなすための仕組みを創り出す。したがって、脳の目的は情報を選択しその情報を処理するための仕方を獲得することである。」（『月刊言語』一九九九年一月号）

脳は目的が設定されれば、それを実現するための方策を見つけ出すために機能するということになり、方策が見つかれば、本当にやらなくても、脳はリリースされてしまう。

松本理論に従えば、日本は欧米になるという目的が設定されているため、日本人の脳は欧米になることを実現する方法を見つけ出そうとする。しかし日本はイギリスにもアメリカになれるわけもなく、また日本人は欧米人にはなれないため、実現方法が見つからないまま、いつまでも脳はその方法を求めて、その目的から解放されることがない。言ってみれば、人間になれない鉄腕アトムが人間になりたいと思い悩むのと同じ状態に、日本人は置かれている。
なれるはずのない欧米になろうとすれば、これまでにあった日本的な存在の破壊から始めることになる。宮崎駿が「日本人は日本人の顔が嫌いなのだ」と言ったように、福沢諭吉は日本が日本であることが嫌いであり、東京は東京であることが嫌いなのだ。東京はロンドンやパリやニューヨークでないことに我慢ならず、東京が東京でなくなるまで破壊を止めない。景観の喪失を見れば、まるで日本から日本的な景観をすべて排除しなければならないという脅迫観念に囚われているようだ。かつて谷崎潤一郎は生まれ故郷の東京に宣言した。「東京に何の未練もない」（『陰翳礼賛　東京をおもう』）。

東京の忘れもの

東京汐留に人工的に作られた商業地域は、「イタリア街」と命名された。ワシントンＤＣにも中華街があるが、それは中国系アメリカ人が集まり、自然発生的にできたものだ。かつては海外旅行は限られた人しかできなかったため、本物の雰囲気を連想させる代替の存在意義があったが、本物に比較的簡単にアクセスできるようになったいまでも、日本の首都に模倣の街が作られている。

一九八〇年に黒澤明監督作品の美術監督、村木与四郎《むらきよしろう》氏に映画セットの参考とするために、普段から描かれていたスケッチを見せてもらったことがある。それは、戦後の景観を記録した貴重な資料だった。村木氏の口癖通り、「生活で当たり前に使うものこそ消えていく」し、「当たり前のものこそ誰も残そうとしない」。例えば、かつては洗濯板は日常の生活必需品としてどの家にもあったが、洗濯機が普及すると、またたく間に姿を消して、残されない。景観も同じだ。

映画では具体的な表現が求められるので、村木氏は街の定点観測を行ない、たくさんのスケッチを残していた。あまりにも貴重な資料なので、村木氏に会うたびに本にすることを勧めたが、一向に本にならないので私が本にまとめることにした。そしてその本には、『東京の忘れもの』（晶文社　二〇〇二）という書名をつけた。

スケッチを見せていただいたのは、村木氏がまだ神楽坂に住んでおられたときのことだった。その神楽坂の町並みは、激しく変貌する東京から取り残され、忘れさられたような風情があった。黒澤明は自伝『蝦蟇の油』で、自宅から近かった神楽坂に出かけて、映画を見たり、父に連れられて寄席に行った少年時代をいとおしむかのように振り返っているが、神楽坂は、黒澤明少年の時代の雰囲気が幾分なりとも残っているかのように思える町だった。た

神楽坂の街並み

とえ欧米の模倣の果てに東京が東京でなくなっても、東京は東京が嫌いでも、神楽坂は神楽坂であるがゆえに神楽坂はかけがえがない。東京が東京でなくなっても、神楽坂はいつまでも神楽坂であってほしい。村木氏の神楽坂が「東京の忘れもの」であってほしいという願いを込めてこの題名にした。

「ユートピア・ソング」

日本は日本でなくなるまでその景観と生活様式の破壊は止まらない。景観破壊の讃歌というべき唄がある。一九五七年に建設省制定の「ユートピア・ソング」(作詞：野村俊夫　作曲：竹岡信幸　歌手：松田トシ、岡本敦郎)だ。日本が何をユートピアとしているのか、この歌詞から知ることができる。

風がそよぐよ　ドライブウェイ
軽いリズムで　どこまでも
歌は流れる　リボンはゆれる
山も谷間も　アスファルト

ランラン　ランラン
ランラランラン　ランラン
素敵な　ユートピア
（著作権許諾番号　第０５０１４３３—５０１号）

この唄が作られた前年の一九五六年、アメリカからワトキンス調査団が来日し、調査を経て、高速道路の建設を提言する報告書『ワトキンス調査団　名古屋・神戸高速道路調査報告書』（勁草書房　二〇〇一）が発表される。

この報告書が根拠となって高速道路が、次から次に造られていった。世界でも類をみないほど鉄道が完備された日本に、アメリカの代表団が高速道路網を強く勧めた背景には、当時、自動車産業と石油産業がアメリカ最大の産業であるという事実があったと思われる。道路を造れば、ドアー・ツー・ドアの便利さに引きずられて、日本にも自動車が普及し、国際競争力のあるアメリカの自動車産業が日本市場を占有できると予想していたに違いない。しかし日本が車社会に移行したとき、日本にも国際競争力を持った自動車産業が育つとは、アメリカも予想だにしなかった。

『ワトキンス調査団　名古屋・神戸高速道路調査報告書』を唄にしたものが「ユートピア・ソング」だった。

日本橋とソウルの東大門市場

報告書に書かれていることは、日本の道路のひどさと、それを改良することの経済効率であって、至極まっとうなものだが、かつて明治維新に東京に何の愛着もない者たちが都市計画をしたときのように、経済効率と便利さ一辺倒で、文化財や歴史への配慮などまったくない。配慮がなされないまま一般道路や高速道路が造られたことの象徴として、いまや歴史的な景観になってしまったのが、江戸の時代から続いた日本の基点である日本橋の上に架かる高速道路である。

それどころか、先進諸国の首都の中で、高速道路が街中を走っているのは日本だけであり、昼間でも大型トラックが走り回っている都市は東京だけだろう。

黒澤明は少年時代、新目白通りの大曲近く、小桜橋にあった家で育った。自宅前の江戸川（神田川）は美しく、子どもたちは川で水泳し、桜の咲く頃には多くの人々が花見に集まるようなところだった。しかし、何十年もたって久しぶりに再訪した黒澤は、「全く見知らぬ風景」になっていた故郷に暗い思いになる。「私が船を漕いだり、魚を捕って遊んだ江戸川も、その上に高速道路が蓋をしたように跨って、川は下水の流れる暗渠のように陰鬱な姿に変っている」（『蝦蟇の油』）

かつては、ソウル市内も同じような状態だったが、交通の便利さよりも歴史的景観の復元が重要として、東大門《トンデムン》市場などソウル市の真ん中を走る高架道路を撤去し、暗渠《あんきょ》を地表に出して憩いの川として再生させた。この韓国 清渓川《チョンゲチョン》 復元事業は、二〇〇三年七月に着工し、二〇〇五年九月に完成する。

景観を取り戻すということは、街の記憶を取り戻し、歴史を取り戻すことだ。日本は、道によって歴史との断絶を強いられているところが少なくない。建設に関する学会や産業界に多くの人材を供給している東京大学工学部の創設者ヘンリー・ダイアーは、こう言っている。

「過去をそっくり忘れ去るような国民に大きな未来は開けそうにない。」（『大日本』平野勇夫訳　実業之日本社　一九九九）

どこにでもあるものと、どこにもないもの

メッカに次ぐ世界最大の回教寺院が、スペインのコルドバにある。メスキータという八世

紀に造られた建物の内部には石柱が林立《りんりつ》し、「円柱の森」と言われている。十五世紀にコルドバがキリスト教徒に奪還《だっかん》された後、メスキータがキリスト教会に改築されそうになると、住民は猛烈に反対した。教会側は反対を回避するため、王のカルロス五世に改築認可を申請し、メスキータを見たこともなかった王は許可を与えてしまう。

セルビアで結婚式を挙げた王は、帰り道にコルドバを訪れる。この工事現場をたまたま通りかかったカルロス五世はメスキータを見て、次のように言って嘆いたと伝えられている。

「世界のどこにでもあるようなものを造るために、どこにもないものを壊した」

カルロス五世の意向が効いてか完全な破壊は免れ、一九九四年、メスキータは世界遺産に登録された。一つあって、二つとないものであるが故に、メスキータは異教の寺院でも破壊から守られた。

日本のどこに立っても、カルロス五世の嘆きの言葉を思い出すが、街がアメリカ人に救われたこともある。

日本のどこに原子爆弾を落とすかを決定する標的委員会は、「直径三マイル（四・八キロ）以上の大きな都市」、「爆風によって効果的な被害が与えられること」、「来る八月まで攻撃されず残されそうなこと」（リチャード・ローズ『原子爆弾の誕生　下』神沼二真・渋谷泰一訳

啓学出版　一九九三）という三つの要件にかなう都市として、京都、広島、新潟を決め、報告書を作成した。しかし、その決定を陸軍長官のヘンリー・スチムソンは覆《くつがえ》した。スチムソンに攻撃目標が京都であると報告したレスリー・R・グローヴス将軍は、そのときの様子をこう報告している。

「『京都は爆撃してほしくない』。そして彼（スチムソン）は、日本文化の中心としての古都、京都の長い歴史と、彼がなぜそこが爆撃されるのを見たくないか数多くの理由を私に話し続けた。」（前掲書）

スチムソンの一言で京都は爆撃目標から除外された。一九九四年、京都にある寺社などの建造物一七件が世界遺産に認定されたものの、広島、そして長崎がその代償となってしまった。

金沢が金沢であるために

破壊の限りを尽くし、敵の墓を暴き、歴史まで消し去ろうとする国境を接する大陸では歴史は博物館の中にある。しかし日本では前史が日常の中に残されてきた。町並みや風景に故事来歴《こじらいれき》や由来があり、それをミュージアムに入れて守らなければならないという必然性が薄かった。また、ものとして残す記録は火事や地震で消えるはかないものであった。

景観を変えるということは街の記憶を消し去り、歴史を消し去ることだ。そして一度、景観が破壊されてしまうと取り戻すことはできない。もし取り戻そうとしても、ソウルの清渓川復元のように大きな社会的コストと時間がかかる。

誰も東京の姿を知らない。パリやローマ、ロンドン、ニューヨークと言われて思い浮かべる安定したイメージがあるが、東京と言われても像を結ばない。日々変貌し、景観は過去と断絶し、過去も現在もなくしてしまったのだ。谷崎潤一郎の歌にこういうのがある。

ふるさとは田舎侍にあらされて昔の江戸のおもかげもなし

明治維新、政府の官吏となった九州や四国出身の元武士たちによって、都市計画が行なわれた。彼らには街の風情や景観に何の思い入れもなかった。しかしそこに住み続けている者にとっては、路地一つ、町名一つに思い出があり、愛着がある。谷崎は、それを嘆いた。そういったことを繰り返さないようにと、活動している金沢や神楽坂のような街もある。金沢は古い民家を維持できなくなると、市がそれを買い上げ、景観を保持する努力をしている。また街は景観以上に人で作られているため、芸者を含め文化を維持する人への支援を惜しまない。

宇沢弘文《うざわひろふみ》は、人間的な魅力をそなえた町並みに共通する四つの原則を、ジェーン・ジェイコブスの思想を基に導き出している（「社会的共通資本の時代」『日本経済新聞』二〇〇五年一月十三日）。

一　街路は狭くて、折れ曲がっている。けっして、幅が広くまっすぐではいけない。

二　各地区に古い建物が出来るだけ多く残っていて、種類も様々。

三　各地区には二つ以上の機能をもち、ゾーニングで単機能であってはならない。

四　人口密度が高くなるように計画。密度の高さは住む魅力があることをあらわす。

まるで金沢と神楽坂の特長を列記しているようだ。一、二、三と逆をやった結果が、トム・ウルフの小説『虚栄の篝火《かがりび》』（中野圭二訳　文藝春秋　一九九一）にモノローグとして出てくる。

「ニューヨークがまだ自分たちの都市だと本当に思っているのか。目を開けてよく見ろ。二〇世紀の最も偉大な都市の現実だ！　金の力のニューヨークをいつまで自分たちのものにしていられると思っているのか。経営者やM&A専門弁護士よ、豪勢なアパートから降りてきてみろよ。下は第三世界だ。」

『夜明け前』

明治維新の大きな歴史の変革期に、人々の思いなどを置き去りに否応《いやおう》なしに欧化に前のめりになって進んでいく騒然とした中で、「新しい古」を待ち続ける青山半蔵は、時代に取り残され、発狂する。この「夢多い人」は座敷牢に幽閉《ゆうへい》され、時代の「不幸な薄暗さ」の中で死んでいく。青山半蔵は『夜明け前』の著者である島崎藤村の父、島崎正樹がモデルで、この小説は一九二九年から一九三五年まで七年かけて雑誌に連載された。

「明日は、明日はと言って見たところで、そんな明日はいつまで待っても来やしない。今日はまた、またたく間に通り過ぎる。過去こそ真《まこと》だ。それがおまえ、篤胤先生のおれに教えてくだすったことさ」(『夜明け前　第二部（下）』)

半蔵がそう言うように、明治維新以降、日本人は明日のために生きてきた。幸せも豊かさも、明日のために先送りして、現実を我慢した。つねに明日を生きることで、われわれは、過去も、そして現在すらもなくしてしまった。しかし、過去は現在を経て未来に連なっており、過去を忘れるようなら、現在も使い捨てにしてしまう。

島崎が生まれた馬籠《まごめ》や周辺の妻籠《つまご》は、江戸時代、中山道《なかせんどう》の宿場町として栄えた。明治維新となり、東京と神戸を結ぶ鉄道は、当初、東山道《とうざんどう》を沿うように造られる筈《はず》だった。島崎藤村の『夜明け前』の第二部、第十三章の一は、イギリス人の鉄道建築技師グレゴリイ・ホルサムが、このあたりを調査に訪れた状況が描かれている。しかし政府の方針が突然変更され、鉄道幹線は東山道から東海道に変更された。藤村は自分の思いをホルサムの言葉に託し、「来るべき交通の一大変革がどんな盛衰をこの美しい谷に持ち来たすであろうかと想像した」(前掲書)と述べたが、馬篭は交通の便から取り残され、欧化の波が押し寄せることもなく、『夜明け前』の舞台の景観が維持されることとなった。

馬篭の隣町、妻籠も宿場としての機能を失い、衰退の一途をたどったが、江戸時代の宿場の姿を残している町並みが見直され、保存運動が全国に先駆けて起こった。妻籠の人たちは町並みを守るために家や土地を「売らない、貸さない、壊さない」という三原則を作り、そこで生活しながら、江戸時代の町並みを後世に伝える努力を行なっている。その景観が、いまでは多くの人々を魅了する観光資源となっている。

新しい『夜明け前』、『オトナ帝国の逆襲』

『ニューロマンサー』のウィリアム・ギブソンは、日本人に対するメッセージを求められたとき、「きみたちは未来に住んでいる」(巽孝之『サイバーパンク・アメリカ』勁草書房一九八八）と答えている。現代を顧みず、未来だけを見て生きようとする明治維新を、時代に取り残された男の目で、島崎藤村は『夜明け前』で描いた。そして二十一世紀になり、新しい『夜明け前』が登場した。『クレヨンしんちゃん　嵐を呼ぶモーレツ！オトナ帝国の逆襲』（監督：原恵一《はらけいいち》　二〇〇一）である。

監督の原恵一は、アン・モロー・リンドバーグの『海からの贈りもの』で語られている世界に形を与えたような人物で、「人生に対する感覚を研《と》ぎ澄《す》ますために、できるかぎりシンプルに暮らす」というアンの願いの実践者である。アンは問いかける。「未来は、現在の代用になり得るのだろうか」と。『オトナ帝国の逆襲』は、『夜明け前』でもあり、『海への贈りもの』であるのだ。原の分身ともいえるケンが、この映画の主人公である。

二十一世紀になっても、大阪万博やテレビを通して思い描いていた輝かしい未来はやってこない。待ち望んだ未来など来ないことに失望したケンは、現在と未来を捨てて、かつて夢にみた懐かしい未来と過去の思い出に生きるための特殊な臭いを開発する。大人たちは過去を懐かしみ、その臭いを嗅ぎ、過去に生きようとするが、しんちゃんに阻まれ、計画は挫折《ざせつ》し、ケンは自ら死を選ぼうとする。

二十世紀から二十一世紀という時代の変わり目に、時代を「いにしえ」に引き戻そうとするケンは、一五〇年後の青山半蔵、『夜明け前』の主人公である。欧米になるという輝かしく思えた夢を追い求めても、いつまでも達せられない未来に幻滅《げんめつ》し、「過去こそ真」と思い切る。半蔵は直訴したり、寺に放火して抵抗するくらいしかできなかったが、ケンはハイテクで過去すらも人工的に作りあげる。しかし、「こんな二十一世紀なんかいらない」と吐き捨てるケンには、半蔵と同じ悲劇的な結末が待っている。

しかし、九・一一で世界中に多くの半蔵がいることがわかった。しかも半蔵は、寺に火を付けるだけだったが、いまではケンのようにハイテクを操って、未曾有の被害を与えることも可能になっている。

ジョセフ・ナイが言うように、「テロは戦争の民営化」（『アメリカの警告』山岡洋一訳　日本経済新聞社　二〇〇二）ならば、もうそれを止めることはできない。それぞれの生き方の多様性を認めない限りは。

第五章　共感される日本

生活様式の模倣

優れたものはいつも海の向こうにあり、それを学べばいい、模倣すればいいと思っていた日本人は、明治維新には「脱亜入欧」によって、それまで醸成してきたものをかなぐり捨てて西洋になることを目ざし、アジアへの帰属意識まで捨て去ろうとした。明治政府は政治的植民地になるよりは、文化的植民地を選択した。第二次世界大戦の敗戦では、「総懺悔《そうざんげ》」という言葉で日本的なるものを全否定するに至った。

欧米から得られたものも多かったが、この二つの「文化大革命」について『夜明け前』と『クレヨンしんちゃん　嵐を呼ぶモーレツ！オトナ帝国の逆襲』が疑念を呈しているように、失ったものも少なくなかった。いや多すぎたくらいだ。言ってみれば、欧米的なるものを得る見返りに、日本的なるものを代償に差し出したのである。

そして、明治政府になっても、国家の目標は西洋になることであり、戦後の政府もアメリカになること、つまり欧米の模倣であったため、独自性のない模倣の国、欧米の文化的植民地という拭いがたいイメージを強化する結果となってしまった。

西洋の行動倫理の根幹をなす聖書には、バベルの塔の話がある。人間が神の領域である天に達するようなバベルを作った人間の傲慢さを戒《いまし》めるために、神は人間の言葉を混乱させる。

つまり多くの言語が存在することは神の罰によるもので、悪しきことなのだ。望ましき状態とは一つの言語、ひいては一つの文化ということになる。故にフィリップ・モロー・ドファルジュが言うように、「西洋文化は、普遍性への願望を抱いている」（イヴ・レオナール編『文化と社会』八木雅子訳　芸団協出版部　二〇〇一）。

ペリーもマッカーサーも、日本にアメリカの優れた「ウェイ・オブ・ライフ（生活様式）」や文化を伝授することが、日本のためになることだという使命感を持ち、心からそう思っていたのだろう。世界一ということは、それを元に多様性を減らすという意図があるということだ。

しかし、アメリカが自らの「ウェイ・オブ・ライフ」や文化が世界一のものと思っていても、フランスもそう思っている。欧米の中でも世界一が二つあることになり、矛盾する。生活様式や文化は地域や歴史、風土で異なるため、最善などというものはない。文化に貴賤《きせん》も優劣もない。言ってみれば、すべてが世界一なのだ。

それなのに日本は、普遍性を持つ科学技術の遅れを理由に、自らの文化は劣っていると見なし、欧米の「ウェイ・オブ・ライフ」を積極的に取り入れようとした。人々が自ら望んで特定の「生活様式」に帰属したいと思うようになれば、その影響は衣食住すべてに及ぶ。

科学技術の模倣と併行してして、生活様式の模倣が行なわれることになる。

欲しい日本製品などない

「君たちが富豪だとして、どうしても日本製でなければならないものを挙げてみよ」

私の学生にこう質問したが、結局誰一人、日本製品を挙げるものはいなかった。私の学生が特殊でないことは、功成り名を遂げた会社社長や政治家が身につけている服や時計、自家用車などを調べてみれば、すぐにわかることだ。海外の政治家ではありえないことだが、現役の総理大臣が、アメリカのスポーツウェアの大きなマークが入った帽子をかぶり、ゴルフをしている姿をテレビで見たことがある。総理大臣とは、自国製品のセールスマンであるはずなのに。豊かになればなるほど、日本の製品を買わなくなる。日本の製品は、本当に欲しいものが手に入るまでのつなぎであって、何かのフェイク、代替にすぎない。それは、他国でも同じかもしれない。

それは日本の製品が機能や価格で劣るということを意味しない。日本国内の公道ではどこも走れないようなスピードが出るスポーツカーや、法外な値段の使いにくい鞄やグラスを、先を争って購入する。右翼を標榜《ひょうぼう》している者までが外車に乗っている。そこには、価格や機能などを超越した別の基準が働いている。自分が帰属したい文化が生んだ、最も価値あるもの、オリジナルに向かうということだ。

ジョゼフ・ナイは、自分が望むことを他者がすすんで行動するように仕向ける力をソフトパワーと呼び、強制や圧力などで自分にとって望ましい行動をとらせる力をハードパワーと命名した。ビジネスではハードパワーで商品やサービスを買わせるわけではないため、マーケティングからして当然のことのように思うが、ソフトパワーが国家のヘゲモニーにかかわる概念であることを思い起こす必要がある。

世界中の若者が、ハンバーガーを食べ、ソーダを飲み、Tシャツを着て、ジーンズを履いて、スニーカーを履く。つまり若者はアメリカ文化に帰属していることを表明している。文化は、そこに帰属する者の行動様式を規定する。アメリカ文化に帰属する若者たちは、アメリカ文化が生み出したものを好んで受け入れる。文化の多様性をできるだけ減らし、一様にすることが、「アメリカの世紀」たる二十世紀が求めてきた大量生産、大量消費の究極の姿であり、自国の文化を広めることこそがソフトパワーの戦略であり、ひいては最強のマーケティングであることを思い知らされる。

文化戦略は最強のマーケティング

衣食住は文化に強く規定されていることを理解し、文化を公共財と考え、文化は国家が管理するという原則を貫いてきたフランスは、まずは自国の高級文化を海外の特権階級や富裕層に浸透させ、その後で時間はかかるものの一般人に普及させるという植民地主義的な手法をとり、十九世紀末までに富める者の衣食住をほぼ占有した。

十七世紀頃には、フランス貴族は、防寒《ぼうかん》や防塵《ぼうじん》のために服を着るのではなく、おしゃれをするために服を着ていたし、空腹を満たすためではなく、食事は美食へと変わり、雨露をしのぐためではなく、ステータスのために家を建てた。そういった生存に不可欠なものから、文化へと変貌した衣食住に着目した。そして芸術だけでなく、料理でもファッションでもフランス仕込みでないと一流でないという規範をつくり上げてしまった。

文化の普及が自国製品を売り込むための最高のマーケティングであるということを認識したのが、太陽王と呼ばれたルイ十四世の財務《ざいむ》総監《そうかん》だったジャン・バプティスト・コルベールだった。コルベールは言う。

「フランスにとってのファッションは、スペインにとってのペルーの鉱山と同じくらい重要だ。」(『パリの仕組み』)

文化を普及させるためには文化そのものを洗練させせなければならないため、「建築・美術・工芸卿」という職にもついたコルベールやその後に続く政府関係者が、職人の保護育成、商人の組織化、「オートクチュール」や「クチュリエ」といった言葉の使用に対する政府の規制、法的保護、「芸術の達人」の称号、「金の指貫賞」の顕彰制度など、様々な制度を設ける。彼の意思は現在でも「コルベール委員会」に継承されている。

一九五九年、文化問題担当省が作られたとき、デクレ（行政府の命令）には、その使命はこう定義されていた。

「文化問題省は、人類の、そしてまずフランスの主要な作品を、できるかぎり多くのフランス人が接することができるようにし、我々の文化的財産に対するできるかぎり広範な関心を確保し、かつこれらの文化的財産をいっそう豊かにする芸術と精神の作品の創造を助長することをその使命とする。」（『文化と社会』）

国の内外を問わず文化の普及も、また国家の仕事であることを表明している。もしこれが、日本の文化庁の使命であったら、日本の知識人から「文化帝国主義」と批判を浴びることは必定だ。

一九六四年十一月七日、ルーブル美術館所蔵のミロのヴィーナスを展覧会のために日本に送ったマルロー文化問題担当国務大臣は、国民議会で次のような演説を行なった。

「ミロのヴィーナスを東京に送ったことはおそらく不愉快なことでしょう。（略）ヴィーナスが東京で展示された四ヶ月の間、なんと言っても我々はダイヤモンドのメダルをたしかに手にしたのです。と言いますのは、四〇〇万人の日本人がこの彫像の後ろに掲げられたフランス国旗を見に来たからです。」（前掲書）

フランスがフランスであるために

「芸術の都」と問われて、日本ではほとんどの人は「パリ」と答える。しかし美術史を学んだ人ならわかるだろうが、西洋美術であれば、それはまずアテネであり、ローマであり、ベネチアであり、次いでパリだ。それに、川村由仁夜が「ファッション現象が発生したのはフランスではなく、十四世紀のイタリアであったことが明白である」（『パリの仕組み』）と明言しているように、十七世紀まではイタリアの都市が芸術とファッションの中心であった。フランスは、文化を洗練させるだけでなく、普及させる意図的な試みを行なってきたのだ。

一七九五年の憲法によって、これまであったアカデミー・フランセーズがフランス学士院に改組され、その元に五つの下部組織が置かれ、文化戦略を立てることになった。これらの機関は、「フランスがフランスであるために」の努力の総体と言われている。われわれは、これと真逆の戦略を知っている。福沢諭吉が唱えた「亜細亜の東辺に一大新英国を出現する」である。フランスはフランスであるから尊いのであって、日本がイギリスにはなれないし、たとえなれたとしてもフェイクのイギリスたる日本になど、誰も敬意を払いはしない。

万博やパリコレなどの文化発信装置を構築したフランスは、日本の多くの芸術家や文化人を魅了し、芸術家はパリ帰りでないと一流でないかのように言われた時期もあったし、ファッション・デザイナーの世界ではいまでもそうだ。先述したように、日本の欧化政策の行く末を案じた島崎藤村も、一九一三（大正二）年から一九一六（大正五）年までフランスに滞在している。

日本国の国賓の晩餐会ではフランス料理とワインが出され、シャンパンで乾杯する（渡辺誠『もしも宮中晩餐会に招かれたら』角川書店　二〇〇一）。われわれが心尽くしのもてなしをしたいと思ったときには、客の好みに合わせて自分が最高だと思うものを出す。国賓にフランス料理とワインを出すということは、国にとって最も大事な客に、日本料理と日本の酒はまずいと言っているのも同然である。様々な国々で様々な食事をしている国家元首が日本でフランス料理を食べたいと思うだろうか。晩餐会を早々に切り上げ、料亭や焼鳥屋に駆け込む国賓さえいる。

一方、アートをめぐるビジネスも大きなものになっている。エドウィン・ラインゴールド著『菊と棘《とげ》』（鈴木健次・長田昇・伊藤淑子訳　スリーエーネットワーク　一九九五）には、次のような記述がある。

「大蔵省によれば、一九八九年だけで日本は欧米の芸術に一五億ドル費やしたという。」

欧米の文化戦略の思いのままだが、日本はどうか。

「日本の美術は、とりわけ装飾品の分野で欧米諸国に多くの影響を及ぼしており、全体としてみれば、その影響は欧米の装飾美術の向上に役だっているが、日本美術に与えた外国の影響については、よい効果を生んだとはとても言えない。」（ヘンリー・ダイアー『大日本』）

文化を産業化するという戦略で先んじたフランスでも、アメリカのファースト・フードやファッション、そしてハリウッド映画がばらまく「アメリカン・ウェイ・オブ・ライフ」に押されていて、一九八一年文化大臣になったジャック・ラングは、「経済と文化は同じ闘争」（マルク・フェマロリ『文化国家』天野恒雄訳　みすず書房　一九九三）というスローガンを繰り返さざるを得なくなる。

アメリカ主義の福音

アメリカは、兄のように振る舞うヨーロッパに対してコンプレックスを抱き続けていた。一九二五年、フランス政府がアメリカ合衆国政府に、パリ国際展への現代絵画の出展を依頼した際、カルヴィン・クーリッジ大統領は、アメリカには画家はいないので、出品を見あわさざるを得ないという返事を出している。もちろん画家はいたし、現代絵画も存在したが、文化についての劣等感には拭《ぬぐ》いがたいものがあった。

しかし自らの劣等感を排除するための試みは一九一七年から始まっていた。第一次世界大戦への参戦に踏み切ろうとしていたクーリッジ大統領は、世論を孤立主義から転換させるため一九一七年に「クリール委員会」を設置した。この委員会は、「アメリカン・ウェイ・オブ・ライフ」こそ神が認めたもので、ヨーロッパより優位に立つと宣言する。そして、「アメリカン・ウェイ・オブ・ライフ」を広めることが神の意思だとして、委員会のモットーを「アメリカ主義の福音《ふくいん》（The gospel of Americanism）」とした。

一九二〇年代になり、外国にアメリカ映画を送り込めば、アメリカ製品の海外での売り上げが急増することが明らかになる。「貿易は映画に続く（Trade follows the film）」というスローガンに示されているように、政府は映画の輸出を支援した。

フランスは上流階級から時間をかけて文化の普及を図ったが、アメリカは情報通信技術の発達や、一般市民の所得の上昇、余暇時間の増大に呼応して、ポップカルチャーやスポーツなどで一気に一般市民に大量に普及させる方法をとった。フランスもアメリカも、衣食住にかかわるビジネスを広めようとしたのではなく、なんらかの表現を伴って、第一義的には文化そのものの普及に努めた。

利潤追求を目的にした複製表現をコンテンツ（あるいはコンテント）と言うが、アメリカはコンテンツで、フランスはいわゆるアート作品で文化を輸出し、文化への帰属意識に応じて、衣食住のビジネスを広げていった。ビジネスには、魅力的なコンテンツやアートが必要だった。アートやコンテンツの持つ経済的効果は、もちろん実際に売り上げで算出できるが、それよりもむしろコンテンツがきっかけとなって衣食住の様式を摸倣させ、そこから派生する商品を流通させることのほうが大きい。

アートやコンテンツは著作権で守られた文化資源の産業であり、一方、衣食住は著作権で守られていない文化資源の産業である。食材一つとってみても、食べられればなんでもいいわけではなく、産地や銘柄を選んで買うようになっている。食材もファッションのブランド同様に、文化資源になっている。

著作権で守られた文化資源の産業をコンテンツ産業と総称し、著作権で守られていない文化資源の産業を、かりに生活様式産業と呼んでおこう。そして、この二つを合わせたものが文化産業とか、知恵から創作されるという意味でクリエイティブ産業と呼ばれるものになり、アメリカはその産業規模において抜きん出ている。

本物ではなく近似した匂い

フランスやアメリカに急《せ》かされるように、各国では文化戦略を立案するようになった。イギリスでは、一九九七年に発表された報告書『トレードマーク・ブリテン』（浜野保樹監訳　森ビル文化事業部　二〇〇二）がきっかけとなって、国家イメージの再構築とクリエイティブ産業の育成が行なわれるようになった。韓国では金大中大統領が「文化大統領」を標榜し、文化産業を積極的に支援し、東アジアに韓流ブームをもたらした。

それでは日本には、文化戦略があったのだろうか。もちろんあった。「脱亜入欧」がそうであり、文化戦略を事業化する経済人も生まれている。その代表が、阪急グループの始祖で、後に国務大臣になった小林《こばやし》一三《いちぞう》だ。慶應義塾大学の卒業生であった小林は、福沢諭吉のひいた道筋の上に事業をうち立てた。

西洋を感じさせることを事業の中核に置き、電車通勤の郊外生活、百貨店、洋食、宝塚少女歌劇団、映画など、次から次に成功させていった。宝塚で育った手塚治虫は、小林の作った西洋でない西洋を象徴する宝塚少女歌劇団のファンになった。小林は布団を止めて毛布を使えというほど、洋風を機会あるごとに勧めた。建築評論家の松葉《まつば》一清《かずきよ》が看破したように、小林一三の行なった事業に共通しているのは、「近似した匂い」（『東京人』一九九八年五月号）であった。

それは、日本のすべてに共通したことでもある。西洋に「近似した匂い」はあるものの、本物ではない。

「近似した匂い」を持つものの運命がどうなるかは、たとえば日本のプロ野球を見ればいい。国内の試合の人気は落ちる一方だ。野球はアメリカ文化が生んだスポーツで、プロ野球がある国はほんのわずかで、アメリカ文化圏であることを示すスポーツなのだ。日本人と積極的に交わることのなかったマッカーサーが始球式を行なうほど、ＧＨＱは野球の普及に力をいれた。野球はハリウッド映画と共に、日本でのアメリカの「ウェイ・オブ・ライフ」を子どもから広げる手段だった。

黒澤明が映画会社の入社試験を受けたときの論題は、「日本映画の根本的欠陥を例示し、その矯正方法について述べよ」（黒澤明『蝦蟇の油』）だった。この論題を日本のプロ野球に当てはめても、黒澤が出した答えは当を得ている。「根本的な欠陥は矯正しようがない」。

アメリカ文化が生んだ野球なら、優秀な選手がオリジナルであるアメリカ大リーグでプレーしたいと思うのは当然のことだ。文化には一も二もなく、オリジナル以外はすべてフェイクだ。「ベスト・ワン」などなく、「オンリー・ワン」しか存在しえない。アメリカの試合や記録に関心が集まり、優秀な人材はアメリカに去り、アメリカに去った者だけが日本で名声を得る。オリジナルに触れたい、オリジナルを味わいたいというのは、人間の素直な欲望だ。日本のプロ野球チームはアメリカ大リーグに選手を送り出す二軍に転落してしまった。アメリカになろうとすれば、日本も日本プロ野球の二の舞になるだけだ。

町並みも同じだ。東京の銀座は西洋を感じさせる代替ではあったが、古くからの老舗も数多く軒をつらねた趣のある街だった。しかし、地価高騰を考慮しないいびつな相続税によって、古くからの老舗は土地を手放さざるを得ず、その後は外資のビルが建ち並び、代替ではない、本当のヨーロッパの直営店ばかりが目立つ街になってしまった。日本中に銀座と名の付く通りが数多くあるが、みな同じ運命にある。

評価軸の重要性

長く外国の模倣で済ませてきた日本は、自らの評価軸を持っていない。いつでも外国から評価されるのを待つばかりだ。そして評価軸というのは恣意的《しいてき》なもので、思惑が隠れている場合が多い。F1レースで日本の車が常勝するようになったとき、幾度となく日本の車が不利になるように規定の変更が繰り返された。スポーツでも似たようなことが多い。評価とはそういうもので、評価されている以上は、何をされてもいたしかたない。

様々な格付けが欧米、特にアメリカで発表される度に、関係者は一喜一憂する。しかし、評価の妥当性に疑念が残り、時には悪意さえ感じることがある。無視していればいいとはいうものの、その評価軸が「グローバル・スタンダード」だと言って振り回されると、日本のマスコミも後追いをせざるを得なくなり、意図的に貶《おとし》めたり、都合のいいスターを作り上げたりする。

同じ評価軸を持っても仕方がない。それこそ模倣になる。そうではなく、われわれが生きてきた伝統や歴史にふさわしい評価軸を持ち、それで共感を得るようにしなければならない。

過ちはあったけれど、長い目でみれば自然と共に生きてきたこと。若さがすべてでなく、老いは成熟の証で死ぬまで成長すると考えること。質素さに楽しみや豊かささえも見つけること。六〇年以上にわたって血を流さずに世界と交渉してきたこと。相容れないものさえも並びたつ多様性を保持すること。

そしてそれらの考えを強制しないこと。評価軸を押し付けてはいけないとブランドのロゴのようにこれみよがしに主張することは難しい。主張すること自体が押し付けになるからだ。相矛盾しているようだが、価値の拡張主義をとらず、多様性を認めるという考えを自然に拡張することこそ、われわれができることではないかと思う。そういったことこそが、模倣されるべきだと思う。いってみればグローバル・スタンダードの対抗文化であり、共感の戦略なのだ。

誰もが持っていて、奪えないもの

加賀藩《かがはん》は、徳川の天下になってから、外様《とざま》ながら一二〇万石という豊かさ故に取りつぶしの可能性が常につきまとっていた。そのため、領主である前田家は武力によって立たないことを明白にするためにも、莫大な費用を使って文化の振興を図った。

日本中から名工を呼んで様々な工芸を興し、多くの芸術家や文人《ぶんじん》を保護し、日本中から書籍を集め、新井白石《あらいはくせき》が「加賀は天下の書府なり」と評したほどだった。江戸の加賀屋敷の火消しは特異な装束をして「加賀鳶《かがとび》」と呼ばれ、いなせで、見事な火消し活動で名高かった。

加賀では、「空から謡《うた》いが降ってくる」と言われる。植木職人までもが剪定《せんてい》をしながら木の上で謡いを口にしたために、そう言われるようになった。その言葉から、金沢は単に景観だけでなく、いまでいうところのサウンドスケープ（音の景観）までもが奥ゆかしく美しいものであったことが偲ばれる。

加賀藩は、文化を手厚く奨励する一環として能楽を保護し、加賀《かが》宝生流《ほうしょうりゅう》を庇護《ひご》した。ただの保護ではなく、人々の楽しみとするために、武士だけでなく町人にまで奨励したのである。死んでしまった文化でなく、暮らしに根付いた文化支援を行ない、その集積が「空から謡いが降ってくる」という言葉に結実している。

登る木もなく、植木職人を見かけることも少なくなり、日本中の景観が醜く変貌していく中で、この言葉から紡ぎ出される美しいイメージは、いまの金沢に受け継がれ、なにものにも代えがたい金沢の財産になっている。何百年も前の文化への愛好が、いまでは文化資源だけでなく、金沢の観光資源になっている。

われわれは小さな頃から繰り返し繰り返し、日本は資源のない小さな島国だと教わってきた。それが資源とは物的資源のことだという、偏った観念を植え付け、洗脳してしまった。

しかし日本は文化資源の豊かな国であった。文化が作り出す気風は長く維持される。三〇〇年経ても文化を大事にする気風は消えることなく、いまでも金沢は稽古事が盛んである。

文化はその文化圏に属する者みんなが持っていて、誰も占有できず、誰も奪うことができない。それこそがわれわれの最大の資源なのだ。

あとがき

「ソフトパワーと文化戦略」という研究テーマに関連にして、日本のアニメーション作品の海外への影響を調べるための調査を学生にやらせたことがある。しかし、アニメーション関係者へのアンケート調査の回収率は思わしくなく、その研究は中途で頓挫《とんざ》したままになっていた。

今回、祥伝社新書編集部から、その研究を本にまとめてみてはという話を提案された。以前から文化をめぐる問題は一度書いておきたいとは思っていたものの、時間的余裕もないので断わろうとしたところ、語り下ろす形で一冊の本にまとめられるという助言を得て、迂闊《うかつ》にも引き受けてしまった。

私が話したものを、私の研究室の院生である久保友香さん、内田真理子さん、堀下有希さんの三人で手分けして、文字に起こしてもらった。資料を整理したり、まとまった形で話してみたことで、私自身が触発され、考えがさらに膨《ふく》らんだため、結局、全面的に書き下ろすことにした。後で考えてみれば、書き下ろすことになることを編集部は最初から想定していたのではないかとも思えなくもない。

　私のゼミでソフトパワーについて議論を重ねてきた、吉田卓矢君をはじめとする院生諸君、そしてもちろんテープ起こしまでやってくれた三人の院生たちには特に感謝したいと思う。

　この本は、神楽坂「牧」の渡辺和子さんと高橋幸男さん、金沢市の山《やま》出《で》保《たもつ》市長との出会いから生まれたもので、神楽坂という街から教わり、金沢で「eAT KANAZAWA」という会合を一〇年続けてきた中で学ばせていただいたことへの礼状でもある。

　また、私の研究を支援いただいた財団法人サントリー文化財団への遅ればせながらの報告書とさせてもらいたい。

　いつもなら妻の荊子にまず原稿を読んでもらうのだが、今回は彼女の仕事が忙しくてかなわず、成人した娘のももに読んでもらった。私が原稿を書く場合、いつも読者として想定しているのは、私の娘と息子である。原稿を書き終え、まずはその娘に読んでもらえて、いまは感無量だ。

二〇〇五年一月二十四日

浜野保樹

★あなたにお願い

この本をお読みになって、どんな感想をお持ちでしょうか。次ページの「100字書評」を編集部までいただけたらありがたく存じます。今後の企画の参考にさせていただきます。

あなたの「100字書評」は新聞・雑誌などを通じて紹介させていただくことがあります。また、採用の場合は、特製図書カードを差しあげます。

次ページの原稿用紙に書評をお書きのうえ、このページを切りとり、左記へお送りください。電子メールでも結構です。

〒一〇一—八七〇一　東京都千代田区神田神保町三—六—五　九段尚学ビル
祥伝社　書籍出版部　祥伝社新書編集部
電話〇三（三二六五）二三一〇　E-Mail : shinsho@shodensha.co.jp

★本書の購入動機（新聞名か雑誌名、あるいは○をつけてください）

＿＿＿＿新聞の広告を見て	＿＿＿＿誌の広告を見て	＿＿＿＿新聞の書評を見て	＿＿＿＿誌の書評を見て	書店で見かけて	知人のすすめで

★100字書評……模倣される日本

なまえ

住所

年齢

職業

浜野保樹　はまの・やすき

1951年、兵庫県生まれ。東京大学大学院新領域創成科学研究科教授。メディア環境学専攻。工学博士。財団法人黒澤明文化振興財団理事、財団法人徳間記念アニメーション文化財団評議員、社団法人日本料理研究会顧問、文化庁メディア芸術祭運営委員などを務める。主著に『メディアの世紀・アメリカ神話の創造者たち』『極端に短いインターネットの歴史』『表現のビジネス―コンテント制作論』など。

模倣《もほう》される日本《にっぽん》
映画、アニメから料理、ファッションまで

浜野保樹《はまのやすき》

2005年3月5日　初版第1刷
2005年3月25日　第3刷

発行者……………深澤健一
発行所……………祥伝社《しょうでんしゃ》
〒101-8701　東京都千代田区神田神保町3-6-5
電話　03(3265)2081(販売部)
電話　03(3265)2310(編集部)
電話　03(3265)3622(業務部)
ホームページ　http://www.shodensha.co.jp/

装丁者……………盛川和洋　イラスト……………武田史子
印刷所……………萩原印刷
製本所……………ナショナル製本

Printed in Japan ISBN4-396-11002-2 C0230

充実人生をサポートする
★祥伝社新書★

001★
抗癌剤 知らずに亡くなる年間30万人
「手術がすべて」と思うなかれ！ 最新抗癌剤の全貌を明かす
平岩正樹

002★
模倣される日本 映画、アニメから料理、ファッションまで
今こそ「文化大国」への転換を！ 世界は日本を真似ている。
浜野保樹

003★
「震度7」を生き抜く 被災医師が得た教訓
激震体験者でなければ書き得なかった衝撃の現地レポート&提言！
田村康二

004★
ガンダム・モデル進化論
プラモデル界の覇者の秘密とは。今も止まらぬ「らせん進化」の軌跡を追う
今 柊二

005★
ウチの社長は外国人 成功起業家10人のサムライ精神
見習いたい不屈の根性。資金、人脈、信用ゼロからの奮戦記
大宮知信